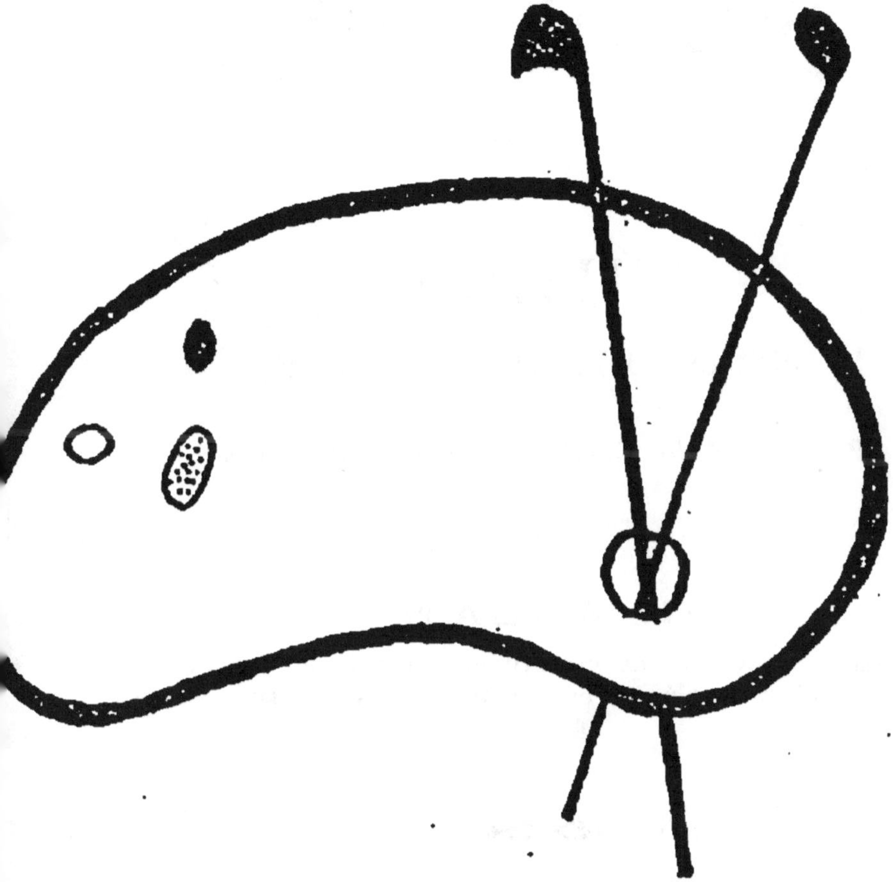

DEBUT D'UNE SERIE DE DOCUMENTS EN COULEUR

Morale selon Guyau

THÈSE
POUR LE DOCTORAT D'UNIVERSITÉ

Présentée à la Faculté des Lettres de Paris

PAR

G. ASLAN

ANCIEN ÉLÈVE DE LA FACULTÉ DES LETTRES DE PARIS
DIPLÔMÉ DE L'ÉCOLE DES HAUTES ÉTUDES SOCIALES

PARIS
FÉLIX ALCAN, ÉDITEUR
LIBRAIRIES FÉLIX ALCAN ET GUILLAUMIN RÉUNIES
108, BOULEVARD SAINT-GERMAIN, 108

1906
Tous droits réservés.

Société Française d'Imprimerie et de Librairie

6 et 8, rue Henri-Oudin, Poitiers

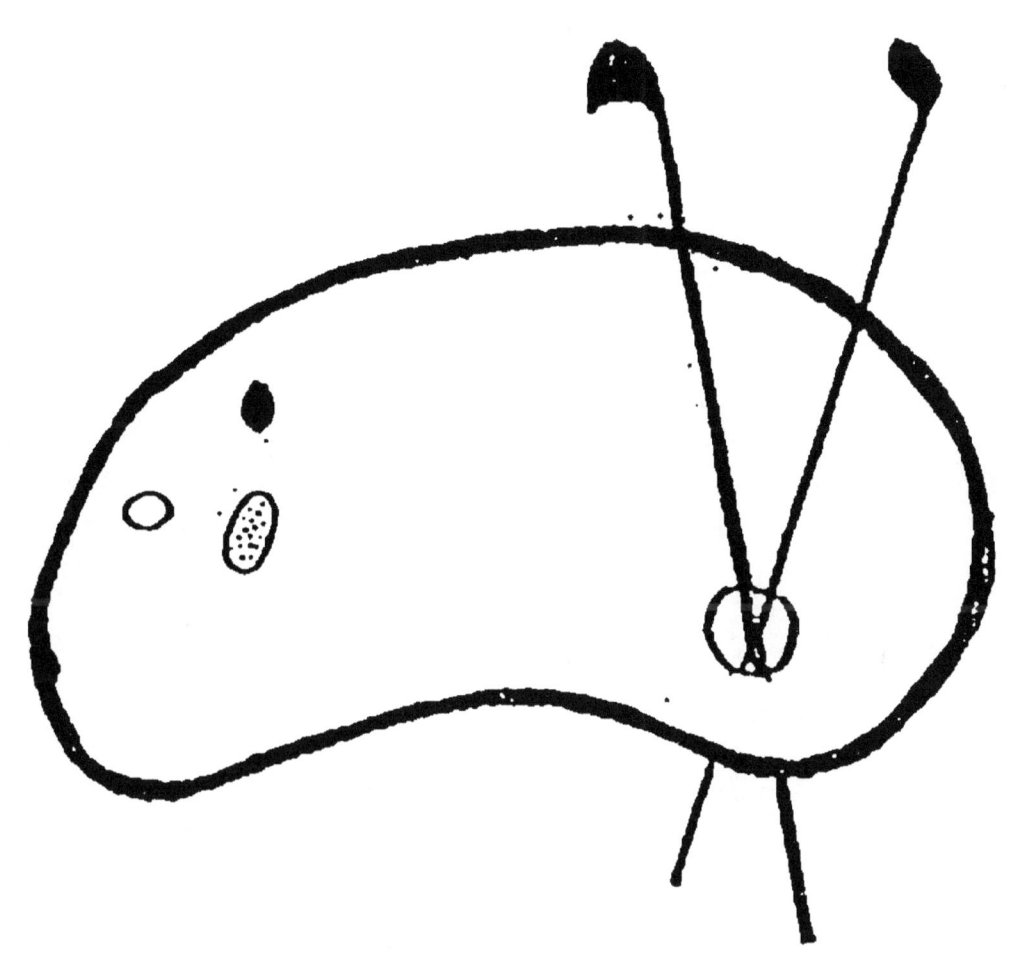

FIN D'UNE SERIE DE DOCUMENTS EN COULEUR

La Morale selon Guyau

La Morale selon Guyau

---o---

THÈSE

POUR LE DOCTORAT D'UNIVERSITÉ

Présentée à la Faculté des Lettres de Paris

PAR

G. ASLAN

ANCIEN ÉLÈVE DE LA FACULTÉ DES LETTRES DE PARIS
DIPLÔMÉ DE L'ÉCOLE DES HAUTES ÉTUDES SOCIALES

PARIS
FÉLIX ALCAN, ÉDITEUR
LIBRAIRIES FÉLIX ALCAN ET GUILLAUMIN RÉUNIES
108, BOULEVARD SAINT-GERMAIN, 108
—
1906
Tous droits réservés.

INTRODUCTION

L'objet de la morale selon Guyau. — Le but de notre critique. — L'origine de notre travail. — La méthode et les sources employées.

Guyau a essayé de déterminer « la portée, l'étendue et aussi les limites d'une morale *exclusivement scientifique* »[1]. Ce programme a besoin d'être précisé. Les philosophes qui croient possible la science de la morale, ne la conçoivent pas tous de la même façon. Quelle conception s'en faisait Guyau ?

Dans sa critique de la *Morale anglaise*, Guyau distingue deux parties dans la morale : l'une qui analyse et explique les ressorts de la conduite, l'autre qui prescrit les actions. Seule la première partie peut, d'après lui, se traiter scientifiquement. La seconde échappe encore en certains points aux prises de la science positive[2].

---

1. *Esquisse d'une morale sans obligation ni sanction*, 5ᵉ éd., p. 7.
2. *La Morale anglaise contemporaine*, 2ᵉ éd., p. 196.

Cette distinction importante ne semble pas avoir été observée par Guyau dans son *Esquisse*. Nous y trouvons un premier livre, qui a pour titre : « Du mobile moral au point de vue scientifique », et dont le contenu a l'apparence d'une étude des faits. Et dans le même livre nous trouvons des indications qui montrent que le but de Guyau est, non pas d'expliquer, mais de *fonder* la morale [1].

En réalité, ces deux préoccupations différentes se mêlent à chaque page de l'*Esquisse*. Mais c'est la seconde qui prédomine toujours. Si Guyau explique la morale, c'est pour la fonder. Les explications qu'il en donne se ressentent de cette préoccupation.

Nous croyons que l'objet de l'*Esquisse* est de fonder la morale. Mais Guyau se propose de fonder la morale sur des faits. C'est pour cela qu'il considère son *Esquisse* comme « une morale scientifique ». Il entend par là que sa doctrine est *indépendante* de toute hypothèse métaphysique.

L'*Esquisse d'une morale* ne semble pas attirer toute l'attention dont elle est digne. Il y a dans cet ouvrage éloquent et sincère plus d'une pensée, qui mérite encore d'être méditée. Il est un témoin hardi de la crise morale de ce temps.

Nous nous proposons de montrer en quoi la doc-

---

1. Aux pages : 83, 84 et 94.

trine morale de Guyau tient à l'esprit philosophique contemporain, et en quoi elle en diffère. Cependant il n'est pas suffisant de juger une doctrine d'après la philosophie actuelle. La philosophie d'aujourd'hui, malgré ses caractères spécifiques, est loin d'être un système cohérent d'idées. De sorte que le critique est trop exposé à glisser sur la pente des appréciations personnelles.

Le devoir de l'historien est d'exposer objectivement les doctrines et de ne pas aborder la critique subjective avant d'avoir épuisé la critique interne de chaque doctrine. Le but de notre critique sera d'examiner si Guyau a réussi dans sa tâche de fonder la morale sur les faits, et ensuite si cette tâche est vraiment scientifique.

L'utilité de notre travail ressort de son objet même. Nous croyons intéressant d'étudier la pensée d'un prédécesseur, même s'il n'a pas eu de postérité Cette étude fait ressortir plus clairement le progrès ou les changements de la pensée philosophique contemporaine.

Cependant nous croyons devoir au lecteur un renseignement qui explique en partie le choix de notre sujet. L'*Esquisse d'une morale* a été le premier livre de philosophie que nous avons lu en dehors des manuels scolaires. En ce temps-là nous avions la jeune ambition de fonder une morale naturelle, c'est-à-dire une morale fondée uniquement sur les données de la nature humaine. Nous étions ravi par l'éloquence de la pensée et par le charme du style de Guyau. Et nous avions trouvé chez lui plus d'une pensée qui nous était chère. Dans cet esprit nous publiâmes un *Cours de morale* et un *Cours de pédagogie* [1].

Mais notre doctrine morale était loin de nous satisfaire. Peu à peu nous sommes arrivé à croire que le problème de fonder la morale est insoluble, non à cause de l'insuffisance de nos connaissances positives, mais parce qu'il est un problème métaphysique. Quand même notre étude de la morale selon Guyau ne serait qu'un point de départ pour exposer les théories plus modernes sur la science de la morale, son utilité serait encore justifiée.

Dans la première partie de notre travail nous essayons d'esquisser dans ses grandes lignes la doctrine morale de Guyau. Nous nous efforçons d'en faire ressortir l'idée maîtresse, l'idée qui la soutient et l'anime en lui donnant une vie logique.

L'*Esquisse*, étant un livre plus poétique que scientifique, se prête difficilement à l'analyse. En cherchant à préciser la pensée de notre auteur, nous serons forcé de lui enlever son charme. Aussi

---

1. En roumain, chez l'éditeur Benvenisti, 1899 et 1900.

notre exposé ne saurait dispenser de la lecture de Guyau ceux qui croient qu'une certaine poésie est inséparable de la philosophie.

Pour bien comprendre la doctrine que nous exposons, nous en avons cherché l'origine dans la critique que son auteur avait adressée à la morale d'Epicure et à la morale anglaise. Nous avons vérifié ensuite notre exposé à l'aide de celui de M. Fouillée[1]. En ce qui concerne la critique, nous avons utilisé tous les écrits publiés sur notre sujet. Nous en donnons la liste complète dans notre bibliographie.

Une bonne méthode historique serait de démêler dans la doctrine de Guyau ce qu'il y a d'original et ce qu'il y a de traditionnel. Malheureusement les documents dont on dispose sont insuffisants à cet égard. Il est curieux d'ailleurs de remarquer que souvent les philosophes n'ont pas rendu justice aux prédécesseurs auxquels ils ont dû le meilleur de leur doctrine. Guyau nous dit cependant qu'il a emprunté à Spencer le principe de la vie. Il lui doit aussi le principe de l'évolution, quoiqu'il l'ait rectifié pour sa part. Il doit à Darwin le principe de la sélection naturelle. Et s'il est permis de conclure du fait de ressemblance de deux doctrines, à leur influence

1. *La morale, l'art et la religion*, d'après Guyau, 4ᵉ éd.

réciproque, il y a encore du spinozisme dans la doctrine morale de Guyau.

En ce qui concerne l'élément original de cette doctrine, il tient à la personnalité du philosophe. Nous savons que Guyau a été très précoce, qu'il a souffert presque toute sa vie et qu'il est mort prématurément [1]. On expliquerait ainsi l'importance fondamentale que Guyau attribue à la vie dans la morale et la corrélation qu'il a établie entre la conscience de l'énergie vitale et la fécondité de l'action. De même le fait que Guyau a été un méditatif, qu'il ne s'est pas mêlé à la vie sociale, explique le caractère individualiste de sa doctrine morale.

Quant à l'esprit de notre critique, c'est un esprit de justice et de fraternité envers celui qui a aimé la vérité plus que sa vie. « La génération de Guyau n'a pas produit peut-être un penseur qui incarnât aussi bien que lui les doutes, les négations, les croyances et les espérances de notre époque [2]. »

---

1. A trente-trois ans, en 1888.
2. Art. de H. Marion dans la *Grande Encyclopédie*.

La Morale selon Guyau

PREMIÈRE PARTIE

EXPOSÉ

CHAPITRE PREMIER

LA CRISE MORALE.

La période critique. — Efforts pour sauver la morale. — Pouvoir dissolvant de la réflexion, cause de la crise d'après Guyau. — Les vraies causes : le progrès des sciences et des industries. — Changements de notre conception de la vie et de notre manière de vivre. — Les romain devoirs ébranlés et les devoirs nouveaux.

L'Esquisse d'une morale parut dans une période critique. Les dogmes religieux et métaphysiques étaient renversés et la morale menacée dans ses fondements. On s'attendait à voir annoncer comment finissent les dogmes moraux, à la suite du célèbre chapitre de Jouffroy : comment les dogmes religieux finissent.

Grâce à la presse périodique, l'œuvre destructive des critiques se répandit dans la masse du peuple français, et l'on craignait que le peuple ne confondit dans le même doute les dogmes religieux et les préceptes moraux.

Tous les philosophes français de l'époque s'efforcèrent de sauver la morale. M. Fouillée essaya de la maintenir sur le doute relatif à l'inconnaissable, sur la conscience de notre ignorance métaphysique [1]. Renouvier fit de la morale un acte d'une nouvelle espèce de foi, la foi morale. La beauté des actes moraux et leur mérite, dit-il, résultent précisément de l'incertitude de leur principe [2]. C'était reprendre le fameux pari de Pascal et l'appliquer à la morale.

Guyau, plus jeune et plus hardi, essaya de justifier la morale par les connaissances positives que nous avons du monde et de la vie. Il voulut mettre au service de la morale ce qui avait paru son irréconciliable ennemie : la science. Il crut que la science, ayant eu le pouvoir de détruire les anciens fondements de la morale, pourra lui en bâtir d'autres plus solides.

Sur ces entrefaites, l'esprit critique avait compromis gravement l'autorité de la conscience mo-

---

1. *Critique des systèmes de morale contemporains*, 4ᵉ éd. Préface et conclusion.
2. *Science de la morale.*

rale. La force dissolvante de la réflexion est bien décrite par Guyau dans quelques pages de sa *Morale anglaise* et de son *Esquisse* [1].

Lorsque la réflexion, dit-il, s'applique constamment à un instinct, elle finit par l'altérer. L'instinct de l'allaitement, si important chez les mammifères, tend de nos jours à disparaître chez beaucoup de femmes. Il y a un instinct bien plus essentiel encore, celui de la génération, qui tend à se modifier de même. En France (où la majorité de la population n'est pas retenue par des considérations religieuses), la volonté se substitue partiellement, dans l'acte sexuel, à l'instinct de reproduction. C'est pourquoi la population s'accroît très lentement.

L'instinct, n'étant plus protégé par une croyance religieuse ou morale, devient impuissant à fournir une règle de conduite. La règle qui le remplace est empruntée à des considérations rationnelles et généralement à des considérations d'utilité personnelle, non d'utilité sociale. La disparition graduelle et nécessaire de la religion et de la morale absolue peut nous réserver beaucoup de surprises. S'il n'y a pas lieu de nous en inquiéter, il faudrait néanmoins prévoir ces changements.

---

1. *La Morale anglaise contemporaine*, pp. 339-342.
L'Esquisse d'une morale, pp. 131-137.

L'esprit critique n'est pas nouveau Il avait déjà miné les croyances polythéistes avant l'apparition du christianisme. Jamais cependant son œuvre destructive n'a été aussi rapide et aussi profonde[1].

Cela tient à bien des causes, parmi lesquelles il faut considérer d'abord le progrès immense réalisé par les sciences et leurs applications. Les sciences d'aujourd'hui ont changé notre conception du monde et de la vie. Elles nous ont guéris de toutes les idées anthropomorphiques et anthropocentriques. Elles nous ont fait connaître notre place réelle dans l'univers et dans l'humanité.

D'autre part, le progrès de l'industrie avec ses conséquences innombrables : création de richesses, facilité de communications, etc., a changé notre manière de vivre. Un besoin inconnu aux anciens s'est manifesté impérieux : le besoin du confort.

L'accroissement général des richesses a développé notre désir de vivre et de jouir. Nous nous attachons de plus en plus à la nature et à la vie. La conception moderne de la vie est revenue en partie à la conception des anciens Grecs[2]. Le romantisme a été précisément l'exaltation de la personnalité humaine s'épanouissant librement, le culte de la vie et de la nature. Et l'on pourrait ca-

---

1. M. Sénilles, *Les affirmations de la conscience moderne.*
2. M. Brochard, art. *Revue philosophique*, janv. 1901.

ractériser l'esprit du xixe siècle par la lutte entre l'individualisme et le socialisme.

Les idées et les tendances nouvelles sont nécessairement entrées en conflit avec les croyances religieuses et métaphysiques, résultant des manières d'agir et de comprendre la vie de nos ancêtres. Ces dernières, n'ayant qu'une force purement traditionnelle, ont dû fatalement succomber.

Mais peut-être la morale se déplace-t-elle plutôt qu'elle ne se détruit. En même temps que quelques devoirs sont ébranlés, d'autres deviennent plus exigeants, de nouveaux devoirs apparaissent. Le respect de soi-même, de la dignité humaine, se généralise chaque jour dans le peuple. Le sentiment de justice est plus pressant que jamais. Le sentiment de fraternité, épuré des idées mystiques qui l'animaient, s'appuie sur la notion positive de solidarité. Enfin, un devoir entièrement nouveau s'impose : la conscience qu'il faut apporter dans l'exercice de la profession [1].

La crise morale n'a pas été provoquée par le pouvoir de la réflexion, comme Guyau l'a cru. Elle a eu des causes plus profondes, à savoir : les changements des conditions de la vie individuelle et collective. Dans cette crise morale il faut distinguer à côté du trouble provoqué par l'ébranlement

---

1. M. Durkheim, *Division du travail social*.

des devoirs superflus, le trouble apporté par les devoirs naissants.

Le travail de réorganisation de la morale étant beaucoup plus lent que l'œuvre destructive de la critique, on comprend pourquoi la crise morale a été longue et peut-être n'a pas touché encore à sa fin.

CHAPITRE II

OBJET DE LA DOCTRINE.

Disparition de l'obligation morale selon Spencer et selon Guyau. — Le problème : fonder la morale sur les faits. — Caractères de la morale scientifique : individualiste et persuasive, sans obligation ni sanction.

Spencer croit que l'obligation morale, qui implique effort et résistance, devra disparaître un jour pour laisser place à une sorte de spontanéité morale. L'instinct altruiste deviendra si fort, que les hommes se disputeront les occasions de l'exercer, les occasions de sacrifice et de mort [1].

Guyau lui répond que si la civilisation tend à développer l'instinct altruiste, elle développe aussi l'intelligence réfléchie, l'habitude de l'observation intérieure et extérieure : l'esprit scientifique en un mot. Or l'esprit scientifique, nous l'avons vu, est la force dissolvante par excellence de tout ce que la nature seule a lié. Il pourra modifier gravement

---

1. *Bases de la Morale évolutionniste*, pp. 110 et suiv.

l'impulsion du devoir, si cette impulsion n'est pas justifiée par la raison.

On a objecté à Guyau que les théories n'influent pas sur la pratique. L'observation est vraie pour les théories scientifiques, qui indiquent de simples alternatives pour la pensée ; mais les spéculations morales indiquent en même temps des alternatives pour l'action. Tout un champ d'activité, fermé par le fantôme du devoir, s'ouvre par la réflexion : si l'on s'aperçoit qu'il n'y a aucun mal à ce que l'on s'y exerce librement, pourquoi n'en pas profiter ?

La prédiction de Spencer — disparition graduelle du sentiment d'obligation — pourrait se réaliser, mais d'une tout autre manière. L'obligation morale disparaitrait, non pas parce que l'instinct moral serait devenu irrésistible, mais au contraire parce que l'homme ne tiendrait plus compte d'aucun instinct, raisonnerait absolument sa conduite, « déroulerait sa vie comme une série de théorèmes ».

Guyau en conclut que la tâche du philosophe est de raisonner ses instincts mêmes, de justifier l'obligation, — quoique l'effort pour la justifier risque de l'altérer, en rendant l'instinct conscient de lui-même.

C'est précisément ce que Guyau a essayé de faire pour sa part. Il a cherché dans la nature psycho-physiologique de l'homme les forces qui pourraient empêcher la dissolution de la moralité. Il a essayé de faire reposer la morale sur un instinct si profond, que la réflexion ne puisse l'atteindre, — si large qu'il fasse disparaître l'opposition de l'égoïsme et de l'altruisme.

Fonder la morale sur des faits, c'est, d'après Guyau, montrer que les devoirs moraux ne sont pas étrangers à nous, mais sont exigés par notre nature même ; — que la fin morale est immanente à la nature humaine, qu'elle agit en nous comme cause avant d'arriver à la conscience d'elle-même : en un mot que notre nature est spontanément morale.

Nous avons insisté sur l'objet de l'*Esquisse*, parce que son auteur l'a présentée comme une étude scientifique. Il y a une grande différence entre la conception que se fait Guyau de la morale scientifique et la conception qui tend à s'imposer de nos jours. Faire la science de la morale ce n'est pas tirer la morale de la science. M. Lévy-Bruhl a établi la différence fondamentale qui existe entre la morale proprement dite et la science des mœurs [1]. Cette distinction est indispensable pour quiconque veut faire œuvre de savant dans le domaine moral. Nous avons cherché à en profiter dans la partie critique de notre travail.

1. *La Morale et la Science des mœurs.*

En nous tenant au point de vue de Guyau, nous devons distinguer avec lui deux parties dans la morale : une partie scientifique fondée uniquement sur les connaissances positives, et une partie métaphysique fondée sur l'hypothèse personnelle et destinée à suppléer à notre ignorance. La morale scientifique ne peut pas régler toute la sphère de notre activité morale, parce que la science n'est pas actuellement adéquate à la vie. Elle doit délimiter son domaine, pour conserver son caractère de certitude. Dans sa partie scientifique la morale sera incomplète, mais certaine ; dans sa partie métaphysique elle sera douteuse.

Quel est, selon Guyau, le caractère de la morale scientifique ?

La morale scientifique est *individualiste*. Elle admet comme principe le bien de l'individu et ne s'occupe du bien de la société que dans la mesure où il intéresse l'individu. En effet, l'individu ne pourrait poursuivre le bien de la société que par un désintéressement complet. Ce désintéressement a été toujours contesté et il ne peut pas se constater comme fait. La morale scientifique, pour ne pas admettre un postulat invérifiable, doit être individualiste.

Il en résulte la disparition du caractère obligatoire de la morale ordinaire. L'obligation, si elle est inconditionnée, suppose une hypothèse métaphysique ; si elle s'appuie sur les faits, alors elle devient un simple conseil. La morale scientifique donne des conseils que tout homme doit *logiquement* accepter : elle ne prescrit pas des devoirs.

Elle repousse également la sanction dite morale, qui est une notion métaphysique ou religieuse mal à propos transportée dans la moralité.

C'est pourquoi Guyau a intitulé sa doctrine morale : Esquisse d'une morale sans obligation ni sanction.

CHAPITRE III

GENÈSE DE LA DOCTRINE.

Critique des divers essais pour justifier métaphysiquement la morale. — Caractère de la morale métaphysique : autonomie et anomie. — Critique des morales utilitaire et évolutionniste. — Limites de la morale scientifique.

Guyau a fait une critique pénétrante de la morale utilitaire [1]. Il l'a complétée par une critique de la morale métaphysique [2]. Dans son œuvre critique on voit germer les idées, qui plus tard ont été développées dans sa propre doctrine morale. Nous croyons faciliter l'intelligence de cette doctrine, en commençant par un exposé succinct de sa partie critique.

L'optimisme absolu est immoral, car il enveloppe la négation du progrès. L'optimisme relatif qui admet un progrès continu, réglé par une loi divine, ne peut pas fournir un principe de con-

---

1. *La Morale d'Épicure et ses rapports avec les doctrines contemporaines. La Morale anglaise contemporaine.*
2. *Esquisse d'une morale*, Introduction.

duite, car les moyens de réaliser le progrès peuvent être très différents. Enfin, l'optimisme ne peut pas résoudre le problème du mal. Si l'on admet que le mal est une condition du bien moral, alors la civilisation diminuant le mal, va à l'encontre du progrès moral. La barbarie fournissait plus souvent les occasions de sacrifice et d'héroïsme. La vertu est bien plus facile aujourd'hui que jadis.

Le dernier refuge de l'optimisme est la croyance en l'immortalité personnelle. Mais la science repousse cette foi. Les espèces animales même évoluent et meurent. Qu'en serait-il de l'individu ? « Croire à la science, c'est croire à la mort. » L'illusion de l'immortalité s'explique par la conscience fugitive d'une surabondance de vie. Mais quand la volonté se détend, la mort apparait possible. Il suffit que l'agonie soit longue, pour faire comprendre que la mort sera éternelle.

Le pessimisme est aussi difficile à soutenir. La prétendue comparaison entre la somme des plaisirs et la somme des douleurs d'une vie est arbitraire. Une certaine dose de bonheur est une condition nécessaire de l'existence.

L'hypothèse la plus conforme à l'état actuel de notre science, c'est l'indifférence de la nature à l'égard de notre plaisir et de notre douleur, à l'égard du bien et du mal moral. On ne peut découvrir aucune direction morale dans l'évolution de l'univers. Donner un but à la nature, ce serait l'amoindrir, car un but est un terme. Ce qui est immense n'a pas de but [1].

La critique de Guyau constitue une réaction contre l'optimisme platonicien et leibnitzien et aussi contre le pessimisme de Schopenhauer et de Hartmann. Il faut remarquer cependant que son naturalisme implique le postulat que la vie vaut la peine d'être vécue.

Guyau critique ensuite les morales de la certitude pratique, de la foi et du doute. La première doctrine affirme que nous sommes en possession d'une loi morale certaine et impérative. D'aucuns se représentent cette loi comme renfermant une matière, un bien en soi que nous saisissons par intuition. Contre cette conception porte l'argument tiré de la contradiction des jugements moraux, de leur relativité et de leur incertitude. Les kantiens se représentent la loi morale comme formelle, ayant uniquement un caractère d'universalité L'expérience constate cependant que le sentiment d'obligation est lié à la matière de la loi morale, et non à sa forme.

---

[1]. Il paraît difficile de concilier la théorie de l'indifférence de la nature avec la théorie de la vie comme principe moral. Les deux se trouvent chez Guyau, et nous n'avons pas le droit de méconnaître l'une au profit de l'autre. Rappelons seulement ici que la première théorie est, pour Guyau, métaphysique et douteuse; la seconde est scientifique.

Les néo-kantiens et M. Secrétan font du devoir un objet, non plus de certitude, mais de foi morale. Ils supposent que l'impulsion du devoir est d'une autre nature que les autres impulsions. — C'est pourquoi ils ne peuvent pas expliquer les émotions morales qui dérivent de cette impulsion.

Enfin, M. Fouillée a tenté de fonder en partie la morale sur le doute même. Le principe de la relativité des connaissances est limitatif de l'égoïsme théorique, qui est un dogmatisme intolérant; il limite par cela même l'égoïsme pratique, qui est l'injustice. — En réalité, le doute nous ferait nous abstenir, non seulement de l'injustice, mais de toute action.

En somme, aucune métaphysique ne peut justifier l'obligation morale, parce que toutes sont hypothétiques. La doctrine de Guyau peut être considérée, dans son ensemble, comme une réaction contre les doctrines métaphysiques et religieuses en morale.

Le temps des morales autoritaires est passé. On sent de plus en plus le besoin de se rendre compte de ses pensées et de ses actions. De nos jours chacun tend à se faire sa loi et sa croyance.

Kant a commencé une révolution en morale, lorsqu'il a voulu rendre la volonté autonome. Mais il s'est arrêté à moitié chemin. Il a cru que la liberté individuelle peut se concilier avec l'universalité de la loi morale. La vraie autonomie doit produire, au contraire, l'originalité individuelle. Si chacun se fait sa loi à lui-même, pourquoi n'y aurait-il pas plusieurs lois possibles?

La morale laisse désormais une plus large sphère à la liberté individuelle. Elle ne légifère que dans les cas où la vie sociale se trouve menacée. La partie métaphysique de la morale future sera non seulement autonome, mais dans certains cas elle sera une *anomie*. Elle nous abandonnera souvent à notre « self-government ».

La critique que Guyau adresse à la morale utilitaire peut se résumer en trois mots : cette morale est trop finaliste, trop extérieure, trop sociale. Aussi elle aboutit à une double antinomie : l'antinomie entre l'égoïsme et l'altruisme, l'antinomie entre l'instinct et la réflexion. Cette critique est tombée juste au centre du système utilitaire, qui s'en est ressenti.

En ce qui concerne la morale évolutionniste, Guyau remarque que le progrès ne vient pas du dehors, mais du dedans de l'être. La moralité n'est pas due à une empreinte laissée par la vie sociale et transmise par l'hérédité, — comme le veut Spencer. Elle est le triomphe d'une capacité interne, née de notre nature même et prolongée ensuite dans l'espèce. Enfin, l'évolution ne se dirige pas vers l'automatisme moral, mais vers la plus claire conscience de soi.

Tout en admettant les lois de l'évolution, de la sélection naturelle et de l'association des idées — invoquées par la morale anglaise — Guyau se demande si cette morale est adéquate à la moralité, comme elle le prétend. La morale anglaise n'est pas complète. Elle ne s'est pas affranchie complètement des notions de la morale métaphysique. De plus, elle a souvent outré les faits qu'elle invoque.

Pour éviter toutes ces critiques, Guyau a délimité dans sa doctrine le domaine de la morale positive et reconnu un certain rôle à l'hypothèse métaphysique à côté de la certitude scientifique. Il a cherché pour sa morale positive un principe qui fût commun aux actes conscients et aux actes inconscients, et qui renfermât l'égoïsme et l'altruisme.

CHAPITRE IV

MÉTHODE DE LA DOCTRINE.

Méthode apparente: l'induction. — Méthode réelle : intuition et déduction. — Découverte de la vie comme principe moral, par la critique des morales utilitaire et évolutionniste. — Nécessité logique de ce principe. — Postulat.

Dans un ordre de faits aussi complexes que les faits moraux, la valeur de la théorie dépend de la méthode employée. Une manière de poser les questions morales, c'est une manière de les résoudre.

Guyau ne s'est pas expliqué sur la méthode dont il s'est servi dans sa doctrine morale. Il prétend avoir tiré des faits son principe. Par conséquent, il semble qu'il ait employé la méthode inductive. Ce n'est malheureusement que l'apparence.

Considérons, en effet, les propositions qui l'amènent à identifier le principe de la vie avec le principe moral. Elles sont au nombre de quatre : 1° Les diverses fins poursuivies en fait par les hommes et par tous les êtres vivants se réduisent « probablement » à l'unité ; 2° cette fin unique

« doit » être la même que la cause des actes inconscients ; 3° or, la cause des actes inconscients ne « saurait » être que la vie même ; 4° « donc », la fin des actes conscients, le mobile moral, c'est la vie [1].

Ce raisonnement n'a que la forme d'une induction. C'est une généralisation intuitive, un approfondissement de la réalité par une vue de poète, une conclusion qui dépasse singulièrement les prémisses.

Il en résulte que la vraie méthode de Guyau n'a pas été l'induction. Ce n'est pas un reproche que nous lui faisons : c'est une simple constatation nécessaire à l'intelligence de sa doctrine.

Guyau a donné à sa recherche du mobile moral l'air d'une induction, pour conserver un caractère scientifique à la doctrine. Il aurait été plus intéressant de nous faire connaître la méthode réelle par laquelle il est arrivé à la conception de son principe moral.

Nous allons essayer de trouver le fil conducteur de la pensée de Guyau.

La tentative des premiers utilitaires d'établir chaque espèce de devoir par une induction a échoué, parce qu'elle n'avait rien de scientifique. La science relie les vérités en établissant entre elles

1. *Esquisse d'une morale*, pp. 85-88.

des rapports de principe à conséquence. Il faut donc chercher un principe qui explique tous les devoirs moraux et qui soit lui-même justifié.

Deux méthodes se présentent pour résoudre ce problème : la méthode intuitive et la méthode inductive. La méthode intuitive cherche dans la conscience une idée qui soit assez générale pour renfermer tous les devoirs moraux : par exemple, l'ordre universel. Cette méthode fait dépendre tout le système moral d'un seul postulat primitif. Que ce principe vienne à manquer, et tout le système s'écroule. Or, il est probablement impossible de trouver, par intuition *a priori*, un principe inébranlable.

Stuart Mill essaie de justifier par une induction le principe suprême de la morale. Ce principe serait le désir universel du bonheur. Et la preuve que le bonheur est désirable, c'est que tous les gens le désirent en réalité.

Mais du seul fait que le bonheur est désiré, il ne résulte pas qu'il *doit* être désiré. Pour exclure l'arbitraire du système de morale, H. Spencer rattache le désir du bonheur chez l'homme à la loi suprême du monde : la conservation de l'être. Dans la morale évolutionniste, le désir du bonheur n'est pas un simple fait, mais une *nécessité* qui découle de la tendance primitive de l'être à persévérer dans l'être. La moralité dérive de la nature des choses, des lois de la vie. Tout être qui vit veut vivre, et tout être qui veut vivre est obligé de s'adapter au milieu. Le milieu où l'homme peut vivre, c'est la société : l'homme doit s'adapter à la société, il s'y est adapté nécessairement.

La moralité est précisément un produit de la société. L'instinct moral est une empreinte passivement reçue du commerce avec nos semblables et fixée peu à peu par l'hérédité.

S'il en est ainsi, se demande Guyau, ne se produira-t-il pas une antinomie entre l'instinct et la réflexion ? Le système même de Spencer, en montrant que la moralité est simplement un instinct utile à l'espèce, dont l'individu est en certains cas la dupe, aura pour résultat la dissolution de cet instinct, si bien que l'individu, par la réflexion, arrivera à prendre sa revanche à l'égard de l'espèce même. « Désintéressez-vous à ma place, dirai-je aux gens de bonne volonté. Que ceux chez qui l'instinct moral est resté tout-puissant, faute de devenir réfléchi, pourvoient à la vie sociale ; moi j'en profiterai et je m'occuperai exclusivement, comme la loi de l'être le commande, de ma vie individuelle [1]. »

Cependant il est incontestable qu'une certaine dose de moralité est une nécessité vitale pour la

---

1. *Morale anglaise,* p. 341-2.

société. Si les sociétés ne disparaissent pas, c'est que les doctrines qui ramènent la moralité au simple plaisir de l'individu ou à un simple intérêt de l'espèce ne se sont pas généralisées chez tous les hommes. L'intelligence, en tuant l'instinct moral, aura trouvé mieux que ces doctrines.

Il reste encore une position d'esprit pour fonder la moralité. C'est de montrer que la moralité, au lieu d'être un simple instinct acquis artificiellement dans le cours de l'évolution, résulte nécessairement de notre nature physique et morale. De sorte que la moralité n'est pas une acquisition adventice, mais le développement du fond même de notre être. C'est la thèse même de Guyau.

Si la morale anglaise n'a pas découvert le mobile profond de notre action, c'est parce qu'elle a fait ses investigations dans le domaine de la conscience. Or, il ne faut pas croire que la source de notre activité soit dans la conscience. Même les actes qui s'achèvent dans la pleine conscience de soi, ont leur origine dans les instincts de la vie. Si l'on analyse les diverses fins poursuivies par les hommes en fait, on trouve qu'elles ont toujours pour objet la satisfaction d'une fonction de la vie. La satisfaction de l'intelligence, par exemple, est au fond la satisfaction de la vie dans sa fonction la plus élevée. Ce que nous désirons toujours en fait, c'est la vie la plus intensive et la plus extensive au physique et au moral.

L'instinct fondamental qui constitue la vie n'est pas détruit par la réflexion ; au contraire, il est fortifié. La vie doit être, par conséquent, le principe qui justifie la moralité, le mobile moral cherché.

C'est à la suite d'un tel raisonnement que Guyau a proposé la vie comme mobile moral. S'il avait voulu nous donner lui-même la genèse de ce principe, au lieu d'essayer une démonstration objective, il aurait certainement évité de manquer à la logique.

Les postulats impliqués dans la suite de raisonnements que nous venons d'esquisser sont, d'une part, que la vie est le mobile des actes moraux, par cela même que ces actes sont utiles à la conservation et au développement de la vie. L'autre postulat, c'est que la fin morale se confond avec la fin la plus générale de l'homme [1].

---

1. Sur les postulats impliqués par toute morale théorique, voir M. Lévy Bruhl, *La Morale et la Science des mœurs*, ch. III.

CHAPITRE V

PRINCIPE DE LA DOCTRINE.

La vie concilie l'égoïsme et l'altruisme. — Insuffisance de la psychologie anglaise. — La fécondité de la vie. — La valeur d'un homme se mesure à l'étendue de son activité. — La moralité, c'est la vie la plus expansive. — Définition de la morale scientifique. — Rôle du plaisir dans la morale.

Le principe de la doctrine morale de Guyau est que la vie réconcilie par sa nature même le point de vue individuel et le point de vue social. Les moralistes se sont toujours arrêtés plus ou moins hésitants devant l'antinomie du *mien* et du *tien*. Ils ont cherché à la résoudre, soit en faisant appel à une loi supérieure à la vie, soit en montrant que l'intérêt personnel est au fond identique à l'intérêt général. Ils n'ont pas réussi dans leur tâche.

Cependant, par notre activité, nous tranchons souvent cette antinomie devant laquelle la pensée reste impuissante. Il faut donc descendre du domaine de la pensée dans celui des faits. On trouve ainsi dans la nature de notre activité, de notre vie, un principe qui explique l'altruisme et le désintéressement.

Les utilitaires ont étudié d'une façon incomplète la dynamique mentale. Ils ont été trop absorbés par les considérations de finalité. Pour eux le ressort de l'activité est le plaisir sous forme égoïste ou sympathique.

En fait, l'homme ne suit pas les calculs de Bentham. Il n'agit pas toujours en vue d'un plaisir spécial résultant de l'acte. Souvent il agit pour agir. Il sent une poussée intérieure qui le porte à l'action. C'est une surabondance d'énergie qui demande à se dépenser. Elle se dépense, non pas pour le plaisir de se dépenser, mais parce qu'il faut qu'elle se dépense.

La vie est de par sa nature même féconde. Elle est d'autant plus féconde, qu'elle est plus vivante, plus intense. Le jeune homme est plein d'enthousiasme, prêt à tous les sacrifices : « il vit trop, pour ne vivre que pour lui-même ». Au contraire, chaque fois que la vitalité diminue, il se produit dans l'être un besoin général de s'épargner. Le vieillard redevient égoïste comme l'enfant.

La vie tend naturellement à s'accroître et à se répandre. Ainsi il y a :

a) Une fécondité intellectuelle. Une force intérieure détermine le penseur à nous partager ses idées. On a comparé les œuvres du penseur à ses enfants. Cela est si vrai que la fécondité intellectuelle paraît nuisible à la génération physique : l'organisme ne peut pas accomplir la double dépense.

b) Une fécondité de l'émotion. La même force d'expansion se manifeste dans la sensibilité. L'homme doit partager ses joies et ses souffrances pour les supporter. L'être solitaire ressent une espèce d'inquiétude, un besoin d'émotion non satisfait.

c) Une fécondité de la volonté. L'ambition est un besoin d'imprimer au monde la forme de notre activité. On y voit à tort un désir d'honneurs et de bruit ; elle est surtout un besoin d'activité, une abondance de vie qui demande à s'exercer.

L'action est devenue une sorte de nécessité pour la plupart des hommes. Or, le travail concilie le mieux l'égoïsme et l'altruisme. Travailler, c'est produire : c'est être utile à soi et aux autres.

Par sa nature comme par ses résultats, l'activité est utile à l'individu aussi bien qu'à la société. La dépense d'énergie qu'exige la morale n'est donc pas une perte pour l'individu. C'est un agrandissement de son individualité et même une nécessité. La moralité, c'est la vie supérieure, la vie à pleins bords, la vie intense et expansive. Seule la vie sociale peut donner satisfaction au besoin d'expansion : d'où il suit que l'idéal de la vie individuelle, c'est la vie en commun.

La loi de la morale scientifique se confond avec la loi essentielle de la vie. La partie scientifique de la morale peut se définir : « la science qui a pour objet tous les moyens de conserver et d'accroître la vie matérielle et spirituelle »[1].

Accroître la vie, c'est accroître le domaine de l'activité sous toutes ses formes, dans la mesure compatible avec la réparation des forces. Agir, c'est vivre ; agir davantage, c'est augmenter le foyer de vie intérieure. L'idéal moral est l'activité dans toute la variété de ses manifestations.

Sous le rapport physique, la morale scientifique ressemble à une hygiène élargie. Ainsi la tempérance, considérée depuis longtemps comme une vertu, est en réalité une application de l'hygiène.

Après avoir concilié l'égoïsme et l'altruisme par le principe de la vie, Guyau se demande le rôle que le plaisir peut avoir dans la morale. Le plaisir étant produit par un accroissement de la vie, il en résulte que le précepte de la morale scientifique : « accrois d'une manière constante l'intensité de ta vie », se confondra finalement avec le précepte de la morale utilitaire : « accrois d'une manière constante l'intensité de ton plaisir ». Le plaisir peut donc être admis dans la morale, mais à titre de conséquence, non pas comme principe d'action.

---

1. *Esquisse d'une morale*, p. 88.

Chez tous les êtres le plaisir accompagne la recherche de la vie, beaucoup plus qu'il ne la provoque. La nature est automotrice et autonome. On n'a pas besoin, pour la diriger, de recourir à la détermination d'un plaisir.

Le plaisir, comme l'organe, peut réagir sur l'activité et la spécifier. Il donne lieu à la variété de buts dérivés que les hommes poursuivent en fait. Mais le plaisir, pas plus que l'organe, ne crée l'activité. Ce qui crée l'activité, c'est la fonction, c'est la vie.

La causalité efficiente précède toujours la finalité. Le ressort de l'action est une cause qui agit avant l'attrait du plaisir comme but : c'est la vie elle-même, tendant à se conserver et à s'accroître, trouvant ainsi le plaisir comme conséquence, mais ne le prenant pas originairement ni nécessairement pour fin. L'instinct universel de la vie, tantôt inconscient, tantôt conscient, fournit à la science morale la seule fin positive.

La moralité ne nous vient pas d'en haut. Elle est sortie de notre nature même. Elle est la vie portée au sublime.

CHAPITRE VI

L'IDÉE D'OBLIGATION.

Le fait du devoir. — L'obligation comme impulsion, comme inhibition et comme obsession. — Genèse du sentiment d'obligation et de son action dynamique. — Nécessité physiologique et sociologique de l'instinct altruiste. — Les équivalents ou les substituts naturels du devoir absolu.

Guyau admet le fait psychologique du devoir. D'accord avec Kant, à ce sujet, il croit que l'impulsion, qui constitue l'élément essentiel du devoir, est antérieure à tout raisonnement philosophique sur le bien. Mais il repousse l'interprétation kantienne. Du fait que l'impulsion du devoir est antérieure au raisonnement, il ne résulte pas qu'elle soit transcendantale. Elle pourrait être instinctive. Le propre des instincts, comme des habitudes, est de commander à l'individu sans lui donner des raisons.

Une question de fait ne saurait être tranchée par des considérations *à priori*. Il faut constater, analyser le fait et chercher les rapports qu'il soutient avec les autres faits.

Examinons les diverses manifestations du sentiment d'obligation. Il se manifeste quelquefois sous forme d'*impulsion*. Un cas de ce genre nous est fourni par de pauvres ouvriers d'un four à chaux dans les Pyrénées. L'un d'eux, étant descendu dans le four pour se rendre compte d'un dérangement, tombe asphyxié, un autre se précipite à son secours et tombe. Une femme témoin de l'accident appelle à l'aide, d'autres ouvriers acourent. Pour la troisième fois un homme descend dans le four incandescent et succombe aussitôt. Un quatrième, un cinquième sautent et succombent aussitôt. Il n'en restait plus qu'un : il s'avance et va sauter, lorsque la femme qui se trouvait là s'accroche à ses vêtements et à moitié folle de terreur, le retient sur le bord. Un peu plus tard le parquet s'étant rendu sur les lieux pour procéder à une enquête, on interrogea le survivant sur son dévouement irréfléchi, et un magistrat entreprit avec gravité de lui démontrer l'irrationalité de sa conduite. Il fit cette réponse admirable : « Mes compagnons se mouraient : *il fallait y aller* »[1].

Dans ce cas, le sentiment d'obligation a la forme d'une impulsion spontanée, d'un déploiement

---

1. *Esquisse d'une morale,* p. 118.

soudain de la vie intérieure vers autrui, — non pas d'un respect réfléchi pour une « loi morale » abstraite ou d'une recherche du « plaisir » ou de « l'utilité ».

D'autres fois le sentiment d'obligation se manifeste sous forme *répressive*. « J'étais encore un bambin en jupons, raconte le prédicateur américain Parker, lorsque je découvris un jour une petite tortue qui se chauffait au soleil... Je levai mon bâton pour la frapper... Tout à coup quelque chose arrêta mon bras, et j'entendis en moi-même une voix claire et forte qui disait : cela est mal ! Tout surpris de cette émotion nouvelle, de cette puissance inconnue qui, en moi et malgré moi, s'opposait à mes actions, je *retins* mon bâton suspendu en l'air jusqu'à ce que j'eusse perdu de vue la tortue... Je puis affirmer qu'aucun événement de ma vie ne m'a laissé d'impression aussi profonde et aussi durable [1]. »

Dans ce nouvel exemple, le sentiment d'obligation *suspend* une action commencée. Il manifeste sa puissance encore mieux que par l'impulsion. Et il peut revêtir un caractère vénérable qu'il tire à la fois de sa grande puissance suspensive et de son origine mystérieuse.

---

1. *Ten Sermons of Religion*, by Frances Power Cobbe, London, 1852.

Dans la majorité des cas, le sentiment d'obligation prend la forme d'une *tension* constante. Lorsque, pour la première fois, dans l'âme de Jeanne d'Arc apparut distinctement l'idée fixe de secourir la France, cette idée ne l'empêcha pas de rentrer ses moutons à la ferme ; mais plus tard l'obsession de cette même idée devait faire dévier toute sa vie de jeune paysanne, changer le sort de la France, et par là modifier d'une manière appréciable la marche de l'humanité.

Le devoir en ce cas n'est pas irrésistible, mais durable. Il est le sentiment d'une force intérieure, qui n'est pas *insurmontable*, mais qui est *indestructible* (ou du moins qui nous semble telle d'après une série d'expériences). Sous ce rapport l'obligation, en son état le plus élémentaire, est la prévision de la durée infinie d'un penchant impersonnel et généreux, l'expérience de son indestructibilité.

Au sentiment primitif d'obligation s'ajoutent, par le développement de l'intelligence et de la sensibilité, une foule d'idées et de sentiments qui constituent la conscience morale de chacun.

Après avoir analysé ainsi le sentiment d'obligation, Guyau en cherche l'origine. Partant de l'idée émise par Darwin, que si les animaux avaient notre intelligence, leur instinct donnerait lieu à un sentiment d'obligation, Guyau passe en revue divers instincts humains et montre qu'ils créent quelquefois une sorte d'obligation. L'artiste se sent intérieurement obligé à produire, et à produire des œuvres harmonieuses. Il est froissé par une faute de goût aussi vivement que bien des consciences vulgaires par une faute de conduite. Enfin il éprouve au sujet des formes, des couleurs ou des sons, ce double sentiment de l'indignation et de l'admiration qu'on pourrait croire réservé aux jugements moraux.

Il y a un penchant qui chez certains individus s'est développé assez pour donner lieu à un sentiment d'obligation : l'avarice. Chez nos paysans français, et surtout chez les israélites, on peut trouver cette obligation élevée à peu près au niveau des devoirs moraux.

Guyau conclut que l'obligation morale est créée de même par un instinct : l'instinct social ou altruiste.

Mais l'analogie trouvée entre les obligations esthétique et morale ne constitue pas une explication. Il faudrait montrer encore pourquoi l'obligation morale s'est généralisée dans l'humanité civilisée et a acquis une intensité que l'obligation esthétique n'a pas. Malheureusement Guyau ne nous en donne qu'une explication très générale, en deux lignes. C'est, dit-il, parce que l'instinct social intéresse davantage la vie de l'espèce. Et il s'empresse de revenir à son point de vue individualiste, en montrant la nécessité physiologique de la formation de l'instinct social.

Il y a, selon Guyau, deux sortes d'instincts : les uns portent à réparer une dépense de forces, les autres à en produire une. Les premiers sont bornés par leur objet même : ils disparaissent une fois le besoin assouvi, ils sont périodiques. Les autres tendent fort souvent à devenir continus, inassouvis. L'instinct social et moral, en tant que force mentale, est de ce genre : il devient facilement insatiable et continu.

Les devoirs moraux sont ainsi créés par les nécessités de la vie. Ils sont nés dans l'ordre de ces nécessités, non pas dans l'ordre logique adopté par les moralistes. Le sauvage ignore la justice, mais il est susceptible de pitié ; il ignore la tempérance, la pudeur, et au besoin il risque sa vie pour sa tribu. Se jeter dans la mêlée pour secourir un compagnon apparaît à un sauvage (et à bien des hommes civilisés) comme plus obligatoire que de s'abstenir de lui prendre sa femme.

L'analyse du sentiment d'obligation et l'explication de son origine montrent que le devoir n'a rien de supra-naturel. Les devoirs moraux ne pouvaient pas ne pas naître, et il n'en pouvait guère naître d'autres. C'est ce qui résulte aussi des rapports existant entre le fait du devoir et les autres faits de conscience.

En notre volonté, en notre intelligence et en notre sensibilité se manifeste souvent une pression dans le sens altruiste. Cette force d'expansion devenant consciente d'elle-même, est sentie comme devoir.

On a eu tort d'interpréter le devoir comme le sentiment d'une contrainte. Il est avant tout le sentiment d'un pouvoir. Sentir qu'on est *capable* de faire quelque chose de grand, c'est se sentir *obligé* de le faire. Dans la moralité, comme dans le génie, il y a un pouvoir interne qui porte à l'action.

La conscience de ce pouvoir constitue un premier équivalent naturel du devoir mystique et transcendant.

De même, concevoir quelque chose de meilleur, c'est être porté à l'accomplir. La conception d'un acte est un commencement de réalisation de l'acte. Les idées-forces les plus puissantes sont celles du *type humain normal* et du *type social normal*. Celle-ci se dégage du fonctionnement de toute société, comme celle-là se dégage du fonctionnement de tout organisme. Ces idées, une fois conçues, tendent à se réaliser. Les mobiles extérieurs n'ont pas à intervenir, aussi longtemps que suffit le mécanisme interne de la pensée et de la vie [1]. La force des idées supérieures constitue un deuxième équivalent du devoir.

Enfin, l'homme sent le besoin d'être en harmonie avec ses semblables. Le sentiment de solitude est très pénible pour un être essentiellement sociable, tel que l'homme. D'autre part, les plaisirs esthétiques et intellectuels prennent une importance croissante dans la vie humaine. Et ils sont à la fois les plus profonds et les plus communicatifs, les plus individuels et les plus sociaux. La fusion des sensibilités et le caractère sociable des plaisirs élevés constituent un troisième équivalent du devoir.

En résumé, l'agent moral se sent poussé dans le sens altruiste par une pente à la fois naturelle et rationnelle, et il lui faut faire une sorte de coup d'État intérieur pour échapper à cette pression. Ce coup d'État s'appelle la faute ou le crime. En le commettant l'agent moral se fait tort à lui-même : il diminue volontairement quelque chose de sa vie physique ou mentale.

Pour justifier l'obligation morale, on n'a donc pas besoin de faire intervenir une idée mystique, ou d'invoquer avec Bain « la contrainte » extérieure et sociale ou la « crainte » intérieure. Il suffit de considérer les directions normales de la vie psychique. L'obligation morale a son principe dans le fonctionnement même de la vie.

---

1. *Education et Hérédité*, pp. 54 et suiv.

CHAPITRE VII

LE SACRIFICE DE LA VIE.

Comment justifier le sacrifice de la vie ? — I. Le sacrifice se présente le plus souvent comme un simple danger. — Explication psychologique du risque. — Sa justification morale. — II. Explication psychologique du sacrifice définitif. — Guyau ne réussit pas à le justifier moralement. — Chacun se conduira selon l'hypothèse qui lui plaît.

Le principe de la vie justifie, selon Guyau, les devoirs moraux qui se présentent dans la vie ordinaire. En vertu de ce principe, la morale scientifique peut prescrire à l'individu d'être aussi riche que possible en énergie intensive, et pour cela d'être aussi sociable que possible.

Mais comment justifier le sacrifice ? Comment prescrire le sacrifice de la vie, quand on a fondé la morale sur le développement même de cette vie ?

Avec sa franchise habituelle, Guyau se pose lui-même cette objection et en reconnaît la gravité. Néanmoins il croit que le problème du sacrifice de la vie peut recevoir une solution scientifique dans certains cas.

I. — Les sacrifices définitifs se présentent rarement dans la vie comme certains. Ils constituent d'ordinaire un simple danger. Or le danger, indépendamment de toute idée d'obligation morale, est un milieu utile au développement de l'être. Il est un excitant de toutes les facultés, capable de les porter à leur maximum d'énergie et de produire un maximum de plaisir.

L'humanité primitive ayant vécu au milieu du danger, il doit se trouver encore chez beaucoup d'hommes une prédisposition à l'affronter. Le besoin du danger qui entraînait le guerrier et le chasseur se retrouve chez le voyageur, le colon, l'ingénieur.

Le plaisir du danger tient surtout au plaisir de la victoire. On trouve dans la victoire une satisfaction qui vaut la peine de courir tous les risques, alors même qu'il n'est personne pour y applaudir. L'homme a besoin de se sentir grand, « d'avoir par instants conscience de la sublimité de sa volonté ». Cette conscience, il l'acquiert par la lutte : lutte contre ses passions, ou contre les obstacles du dehors.

L'attrait du risque, même lorsque les chances de malheur sont très nombreuses, s'explique par plusieurs lois psychologiques :

1° Dans le calcul du risque entrent non seulement les chances bonnes et les chances mauvaises, mais encore le plaisir de courir ces chances, de s'aventurer;

2° Une douleur simplement possible et lointaine, surtout lorsqu'elle n'a jamais été éprouvée, correspond à un état tout autre que l'état actuel ; tandis qu'un plaisir désiré, étant en harmonie avec l'état présent, acquiert une valeur considérable. En outre, chaque fois que le plaisir correspond à un besoin, la représentation de la jouissance future est accompagnée de la sensation d'une peine actuelle : la jouissance apparaît alors non seulement comme une sorte de superflu, mais comme la cessation d'une peine réelle, et son prix augmente encore.

Ces lois psychologiques sont la condition de la vie et de l'activité. Comme la plupart des actions comportent à la fois une chance de peine et une chance de plaisir, c'est l'abstention qui au point de vue mathématique devrait l'emporter le plus souvent ; — mais c'est l'action et l'espoir qui en fait l'emportent, d'autant plus que l'action est par elle-même une source de plaisir.

3° Enfin, il y a l'accoutumance au danger. Celui qui a échappé souvent au danger, en conclut qu'il continuera d'y échapper. Le calcul des probabilités ne saurait justifier ce raisonnement, mais il entre pourtant comme élément, dans la bravoure des vétérans par exemple.

Il n'y a donc dans le danger couru pour l'intérêt de quelqu'un (le sien ou celui d'autrui) rien de contraire aux instincts profonds de la vie. S'exposer au danger est quelque chose de normal pour un être bien constitué moralement ; s'y exposer pour autrui, ce n'est que faire un pas de plus dans la même voie. « Le dévouement rentre par ce côté dans les lois générales de la vie, auquel il paraissait d'abord échapper entièrement. » Il est psychologiquement possible et moralement bon.

Le plaisir du risque et de la lutte constitue pour Guyau un quatrième équivalent du devoir.

II. — Cependant il y a des cas, très rares d'ailleurs, où le sacrifice se présente comme certain. Les moralistes ont eu tort de vouloir les justifier à tout prix : ils ont dû invoquer un principe supérieur à la vie.

Plutôt que de renoncer au principe de la vie, qui seul peut fonder une morale scientifique, Guyau renonce à la prétention de justifier le sacrifice de la vie. Il se contente de montrer comment ce sacrifice est, en fait, possible.

Au point de vue naturaliste de la morale scientifique, la vie a une valeur incommensurable. Tous les biens supposent la vie et lui empruntent sa valeur.

En fait, le prix attaché à la vie dépend de la valeur des biens qu'elle procure. Quand ces biens sont insuffisants, la vie perd tout son charme. Elle peut devenir méprisable dans certains cas de souffrance physique et surtout morale. Par sa réflexion l'homme peut rendre ses peines si intenses et si tenaces, que la vie lui devient insupportable.

D'autre part, certains actes peuvent acquérir une importance telle, que la vie achetée au prix de leur sacrifice ne vaudrait plus la peine d'être vécue. On ne se figure pas Chopin sans son piano : lui interdire la musique eût été le tuer. Il n'y a rien d'étonnant à ce que la moralité, qui est une sphère d'action plus vaste que l'art, acquière plus d'importance encore. Tant qu'il y aura des suicides, on ne voit point pourquoi il n'y aurait pas des sacrifices sans espoir.

Ces considérations expliquent comment le sacrifice est possible Il est encore une considération, qui explique comment le sacrifice devient facile en certains cas. L'homme est ami de la spéculation. Ni sa pensée, ni son action ne s'arrêtent aux limites de la certitude. Pour qu'il raisonne les actes moraux, qui exigent le sacrifice de la vie, il lui faut dépasser le domaine des faits. Il lui faut s'aventurer dans le domaine des hypothèses, et « créer la raison métaphysique de ses actes ».

La conduite morale de l'homme dépend en partie de sa conception métaphysique sur le fond des choses. Tout idéal suppose une opinion sur l'homme, sur la société, sur l'univers, sur le principe et la fin de l'existence, sur la possibilité ou l'impossibilité du progrès, sur le pessimisme ou sur l'optimisme. A l'adage vulgaire : « Vivre d'abord, ensuite philosopher », on a répondu avec raison : « Une manière de vivre est une manière de philosopher ». En fait, une grande partie des plus nobles actions ont été accomplies en vertu des principes religieux ou métaphysiques. On ne peut pas négliger cette source féconde de moralité. Mais on ne doit pas l'imposer.

Toutes les fois qu'il n'y a pas de règle certaine, la morale positive permet la spéculation, mais à condition qu'elle reste hypothétique. L'hypothèse aussi est une force psychologique, qui peut exalter les facultés de l'homme et les porter à leur maximum de fécondité. Indépendamment de son contenu, l'hypothèse métaphysique est utile, parce qu'elle manifeste une force intérieure et finit par l'accroître.

Un être est d'autant plus supérieur, qu'il entreprend et risque davantage par sa pensée et par son action. Sa supériorité consiste précisément dans le trésor de force intérieure qui lui permet de se prodiguer. Il a plus de pouvoir, et par cela même il a un devoir supérieur.

Le plaisir du risque dans la pensée, du risque métaphysique, constitue pour Guyau un cinquième équivalent du devoir.

La morale scientifique ne doit appauvrir ni la pensée ni l'activité de l'homme. Elle doit laisser dans certains cas un rôle à l'hypothèse métaphysique. Seulement, cette hypothèse, pour être sincère, doit être individuelle, doit être créée par l'individu même à qui elle sert. La morale complète sera l'application à la conduite de toutes les connaissances positives et métaphysiques.

CHAPITRE VIII

L'IDÉE DE SANCTION.

Il n'y a pas de sanction naturelle. — Ni de sanction intérieure. — Ni de sanction religieuse. — Ni de sanction morale. — Les faits qui constituent les prétendues sanctions. — Évolution du droit pénal. — Origine de l'idée de sanction. — Sanction de fraternité. — La morale n'a besoin d'aucune sanction.

Guyau s'est attaqué à l'idée de sanction, parce que la plupart des moralistes et des hommes de son temps considéraient la sanction comme essentielle à la morale, tandis qu'elle est en réalité, d'après lui, une notion religieuse ou métaphysique.

Aux yeux des moralistes classiques le vice appelle rationnellement à sa suite la souffrance, et la vertu constitue une sorte de droit au bonheur. — Y a-t-il, se demande Guyau, un lien rationnel ou naturel entre la *moralité* du vouloir et une récompense ou une peine appliquée à la sensibilité?

D'abord, y a-t-il une *sanction naturelle*?

La nature, dit-on, punit quiconque viole ses lois[1].

1. Renouvier, *Science de la morale*, t. I, p. 289.

Rien de plus faux. Les lois naturelles sont inviolables. Elles portent sur les actes, non sur l'intention qui les a dictés. Si l'on se jette à l'eau, sans savoir nager, que ce soit par désespoir ou par dévouement, on est noyé tout aussi vite.

Ce qu'on appelle sanction naturelle est une simple conséquence fâcheuse, qui résulte nécessairement de la nature des choses.

De même, y a-t-il une *sanction intérieure?*

Les partisans de cette sanction considèrent le remords comme une expiation et la satisfaction morale comme une récompense [1]. Cependant le remords et la satisfaction sont sentis, non pas à cause de la contradiction ou de la conformité de l'intention à une loi rationnelle fixe, mais à cause de la contradiction ou de la conformité de l'intention avec la sensibilité de chacun. La preuve en est que le remords varie, pour la même faute, d'un individu à l'autre. Il peut frapper l'homme, non en raison inverse, mais en raison directe de sa moralité.

En réalité, le remords et la satisfaction morale sont des émotions produites par les penchants profonds de notre être. Ils ne se justifient pas comme sanction, mais ils peuvent être utiles comme moyens d'action.

---

1. Paul Janet, *Traité de philosophie*, 8e éd., p. 655 et 689.

La *sanction religieuse* est encore plus difficile à soutenir. Elle est incompatible avec les attributs du Dieu, qui est chargé de l'appliquer dans la vie future. Si Dieu est la toute-puissance, nous ne pouvons pas véritablement l'offenser, et il n'a pas de raison pour nous punir. Si Dieu est l'intelligence souveraine, il doit comprendre absolument les causes de nos péchés, et toute sanction de ces péchés devient inutile. Enfin, si Dieu est la suprême bonté, il ne peut pas infliger la moindre peine, à plus forte raison une peine éternelle.

De quelque façon qu'on l'entende, le dogme de l'enfer est insoutenable. En cela, comme sur beaucoup d'autres points, les religions sont en plein désaccord avec l'esprit de notre temps. Être éternel : voilà la seule vengeance possible du Bien à l'égard de ceux qui le violent.

De même, il n'y a pas de *sanction morale*[1]. Le prétendu « droit moral » de punir est immoral. Il repose sur la notion de justice distributive. Cette notion sert bien à régler l'échange de tout labeur intéressé. Mais elle ne saurait régler l'effort désintéressé qu'exige par hypothèse la vertu.

La théorie de la sanction morale provient d'une confusion entre *l'ordre moral* et *l'ordre social*. Celui-ci a été en effet l'origine historique du châ-

1. Cf. Franck, *Philosophie du droit pénal*, p. 79.
Paul Janet, *Traité de philosophie*, 8ᵉ éd., p. 689.

timent, comme l'a fait voir Littré. La peine n'était au début qu'une compensation, une indemnité matérielle, exigée par la victime ou par ses parents. Mais en dehors du point de vue social, la peine peut-elle rien compenser? — Non; ce qui est fait est fait. Le mal moral subsiste, malgré tout le mal physique qu'on y peut ajouter.

Le titre au bonheur qu'on réserve à l'homme de bien, et auquel correspondrait chez l'homme inférieur un véritable droit au malheur, est un reste des anciens préjugés « aristocratiques ». A cette justice étroite, qui refuse le bien à celui qui est déjà assez malheureux pour être coupable, il faut, selon Guyau, substituer une justice plus large, qui donne le bien à tous.

Examinons maintenant les faits qui constituent la prétendue sanction morale. Lorsqu'un homme est l'objet d'une attaque et qu'on voit l'agresseur repoussé, on ne manque pas d'applaudir, car on sympathise avec la victime. La situation de l'agresseur est antisociale, contraire à la sécurité mutuelle nécessaire à toute association. De même, un témoignage de bienveillance provoque chez tous les êtres un témoignage semblable.

On arrive ainsi à formuler les jugements : il est naturel que l'homme qui frappe autrui soit frappé à son tour; il est naturel que celui qui travaille au bonheur des autres reçoive les moyens d'être heureux.

Les faits qui constituent la prétendue sanction morale sont en réalité des phénomènes d'encouragement ou de défense personnelle et sociale. Pour vérifier notre affirmation, suivons la marche de la sanction sociale avec l'évolution des sociétés.

A l'origine, le châtiment était beaucoup plus fort que la faute. Les moyens de défense sociale étant rudimentaires, il fallait réprimer énergiquement toute agression. Plus tard, l'excès de répression étant inutile, on tâche de proportionner la réaction sociale à l'attaque : c'est la période du précepte : « œil pour œil, dent pour dent ». Enfin, la société actuelle disposant de moyens supérieurs de défense, adoucit davantage les peines. Dans l'avenir les prisons seront probablement démolies pour être remplacées par la déportation, qui est la forme la plus simple de l'élimination. Pour les délits qui ne peuvent pas entraîner la déportation, il y aura l'amende ou un travail obligatoire. L'idéal de la pénalité est le maximum de défense sociale avec le minimum de souffrance individuelle.

L'adoucissement croissant de la sanction pénale montre que la peine n'a aucune raison morale et se justifie uniquement par son efficacité pour la défense sociale. L'évolution de la pénalité est due à la loi *d'économie de la force.*

Par suite de la sécurité personnelle dont nous jouissons aujourd'hui, les mœurs sont également adoucies. La haine et la colère étaient utiles dans un état social peu avancé, parce qu'elles excitaient le système musculaire. Elles tendent à disparaître, l'individu n'ayant plus besoin de se défendre lui-même.

En même temps que les châtiments sociaux se réduisent au strict nécessaire, les récompenses sociales (titres de noblesse, charges honorifiques, etc.) deviennent beaucoup plus rares. La société reposant sur la réciprocité, celui qui rend un service compte recevoir non une récompense, mais un autre service en échange. Le salaire remplace la récompense proprement dite.

Les autres récompenses plus vagues de l'estime publique et de la popularité tendent aussi à perdre de leur importance. Aujourd'hui on s'efforce surtout d'adoucir le sort des malheureux et même des coupables, plutôt que de combler de bienfaits ceux qui ont déjà le bonheur d'être au premier rang de l'échelle humaine.

Pour compléter sa critique de l'idée de sanction, Guyau en cherche l'origine. Cette idée répond à un besoin psychologique tellement profond, que même au théâtre on exige généralement que la vertu soit récompensée et le vice puni. S'ils ne le sont pas, le spectateur s'en va mécontent, avec le sentiment d'une attente trompée.

Plusieurs causes expliquent le besoin psychologique d'une sanction. L'homme sent qu'un crime impuni est un danger pour lui-même et pour la société. Le crime impuni constitue un mauvais exemple et l'homme ne peut pas se résigner au succès définitif des actes antisociaux. Son esprit est pénétré par l'idée de sociabilité : il pense sous la catégorie de société, comme sous celle de temps ou d'espace. Quand un crime reste impuni, l'homme se tourne vers le surhumain pour demander réparation.

L'idée de peine s'est présentée nécessairement à l'esprit, pour corriger du dehors l'immoralité.

M. Fouillée a essayé de fondre l'idée de sanction dans l'idée plus morale de *coopération*[1]. L'homme de bien travaille à une œuvre si grande, qu'il a idéalement droit au concours de tous les êtres, membres du même tout. Celui qui fait le mal devrait recevoir de tous un refus de concours, qui serait une sorte de punition négative. Celui-ci se trouverait moralement isolé, tandis que l'autre serait en communion avec l'univers.

Cette doctrine est assurément belle, mais elle suppose un postulat bien hardi : « A l'évolution extérieure, dont les formes sont si variables, ne correspondrait-il pas une tendance, une aspiration

---

1. *Science sociale contemporaine*, liv. V, §§ 2 et 3, pp. 319-378. *Liberté et déterminisme*, ch. VI, § 3, pp. 376-401.

intérieure, éternellement la même et travaillant tous les êtres [1] ? »

Pour concilier la vertu et le bonheur, il faudrait prouver qu'ils sont identiques. Les stoïciens le croyaient, Stuart Mill aussi, et Epicure lui-même. Cette identité peut se trouver vraie pour un petit nombre d'âmes élevées, mais sa complète réalisation n'est vraiment pas « de ce monde ». La vertu n'est pas le bonheur sensible et il n'y a pas de raison naturelle ni morale pour qu'elle le devienne plus tard.

Au fond, même dans la morale kantienne, la sanction n'est qu'un suprême expédient pour justifier rationnellement la loi morale. Guyau croit avoir établi que la morale n'a pas besoin de la sanction.

La vie se crée son obligation d'agir par sa puissance-même d'agir. Elle se fait la sanction par son action même. En agissant elle jouit de soi, en agissant davantage elle jouit davantage.

Pour terminer la critique de Guyau sur l'idée de sanction, nous demandons la permission de reproduire une belle page de son *Irréligion de l'avenir*. « Le seul élément respectable et durable dans l'idée de sanction, ce n'est ni la notion de peine, ni celle de récompense, c'est la conception

---

1. *Esquisse d'une morale*, p. 231.

du bien idéal comme devant avoir une force suffisante de réalisation pour s'imposer à la nature, envahir le monde entier : il nous semblerait bon que l'homme juste et doux eût un jour le dernier mot dans l'univers. Mais ce règne du bien que l'humanité rêve n'a pas besoin, pour s'établir, des procédés de la royauté humaine. Le sentiment moral peut se considérer lui-même comme devant être la grande force et le grand ressort de l'univers... Nul mythe n'est ici nécessaire pour exciter l'ardeur du bien et le sentiment de l'universelle fraternité. Ce qui est grand et beau se suffit à soi-même, porte en soi sa lumière et sa flamme [1]. »

1. *Irréligion de l'avenir*, p. 358.

DEUXIÈME PARTIE

CRITIQUE

CHAPITRE PREMIER

EXAMEN DE LA MÉTHODE.

Observations sommaires, généralisation hâtive. — Comment faut-il entendre le « fait scientifique » — Science de la morale et morale scientifique. — L'art moral et la technique morale. — La morale scientifique de Guyau est entachée de métaphysique.

Le dessein de Guyau est de fonder scientifiquement la morale, que ne soutiennent plus la religion ni la métaphysique. Nous devons, dans cet essai de critique, adopter le point de vue de Guyau — admettre provisoirement la légitimité et la possibilité d'une pareille tentative. Nous commencerons par la critique interne de la théorie, par l'examen de la méthode, des principes de la doctrine et des résultats. Ensuite nous élargirons le débat et nous nous demanderons si le problème que Guyau s'est posé n'est pas insoluble.

Bien que Guyau, dans la *Morale anglaise contemporaine*, ne se prononce pas entre la méthode déductive et la méthode inductive [1], il est hors de doute que cette dernière lui paraissait seule convenir à l'objet qu'il se proposait. « Nous avons dû partir, dit-il, des faits mêmes pour en tirer une loi, de la réalité pour en tirer un idéal, de la nature pour en tirer une moralité [2]. »

Les « faits » qui lui ont servi de point de départ sont les mobiles de l'action. Il semblerait peut-être nécessaire, en saine méthode positive, d'énumérer ces divers mobiles, d'en dresser un inventaire aussi exhaustif que possible. Guyau n'en fait rien. A vrai dire, il ne part pas des faits, mais d'un fait général, ou plus exactement de la forme générale de l'activité humaine, du fait de désirer. Aussi n'est-ce pas une hardiesse excessive que de conclure, comme il le fait, en vertu d'une simple probabilité, à l'unité foncière des mobiles de l'action dans tous les êtres. « Il est probable, dit-il, que les fins recherchées par les divers individus se ramènent plus ou moins de fait à l'unité [3]. » En somme, la constatation du fait est très sommaire, la généralisation immédiate. Il n'y a pas là une induction méthodique, mais une large intuition de poète.

---

1. *Morale anglaise*, p. 211.
2. *Esquisse d'une morale*, p. 211.
3. *Esquisse d'une morale*, p. 85

Guyau est parti d'un fait psychique général : le désir mû par la représentation consciente d'une fin. Il était déjà hardi d'étendre, en vertu d'une analogie tout extérieure, celle de l'organisation, à toute la nature animée une faculté dont l'homme ne peut avoir qu'en lui seul l'expérience immédiate. Bien plus, par une dialectique singulièrement risquée, Guyau va dépouiller ce fait de ce qui est précisément son caractère psychologique, de ce qui le rend accessible à notre expérience. Il s'empresse de ramener la finalité à une causalité conçue sur le type de la cause mécanique. Parti d'une donnée qui ne pouvait être fournie que par l'observation de la vie consciente, il étend à toute vie organique cette propriété dépouillée de son caractère conscient. Le « fait » primordial auquel Guyau s'arrête, pour fonder la morale, est une illusion psychologique [1].

Mais il y a lieu de procéder à un examen plus minutieux du « fait » moral. Une morale scientifique ne doit pas se borner à constater un certain ordre de faits : elle doit déterminer ce qu'il y a en eux de proprement moral. Toute science délimite

---

1. Il est intéressant de rapprocher le raisonnement subtil par lequel Guyau remonte de la conscience à la vie inconsciente, de celui par lequel Schopenhauer découvre derrière toutes les formes de la vie et de l'être une volonté, qui comme la vie de Guyau est une finalité sans autre fin qu'elle-même. V. *Monde comme volonté et représentation*. Trad. Cantacuzène, t. I, 2ᵉ partie ; t. II, 2 partie.

son domaine, c'est-à-dire définit avec précision l'aspect sous lequel elle considère la nature. Ainsi la physique, la minéralogie, la chimie, s'occupent des mêmes objets : tel caillou intéresse à la fois le physicien, le géologue et le chimiste; mais chacun d'eux y étudiera un certain groupe de propriétés, qui constituent respectivement le fait physique et le fait chimique. C'est-à-dire que le fait n'est pas un donné, mais qu'il a besoin d'être constitué par un procédé logique propre à chaque science. Chaque science a son objet strictement spécifique.

Guyau n'a pas suivi le procédé scientifique. Il n'a même pas défini le « fait moral ». Ce qu'il pose en fait, c'est le désir en général. Ensuite ce désir est ramené à n'être qu'une manifestation de la vie. La morale devient ainsi une partie de la biologie : elle est une « hygiène élargie ».

Mais ce n'est pas sans raison que Guyau attache plus d'importance à la généralité du fait qu'à sa détermination. Il ne veut pas constituer une science de la morale, mais une morale scientifique. Il veut fonder sur la science la règle de la pratique, trouver à l'action une loi qui soit susceptible de justifier les qualifications morales que nous attribuons aux actes.

Une telle conception est actuellement battue en brèche de tous les côtés, et nous pouvons ramener à deux groupes les objections qu'on lui fait.

La morale est une science. Elle a son domaine propre, sa méthode, ses lois, sa certitude. Pour faire la science de la morale, on doit partir de la réalité morale donnée en fait, c'est-à-dire on doit définir ce par quoi certains phénomènes psychologiques et sociologiques sont « moraux ». Ensuite, par une induction méthodique, par une comparaison patiente, on essayera de remonter aux principes de la moralité, d'en formuler une loi d'évolution générale. Mais cette loi doit sortir des faits mêmes, ne pas en dépasser le contenu et ne s'appliquer qu'à eux [1].

A cette objection Guyau aurait pu répondre — et certes c'était au fond de sa pensée — qu'il ne voulait pas se borner à constater des lois de fait : la morale doit fournir des règles d'action, elle doit déterminer l'idéal. Cet idéal ne peut plus être déduit d'une métaphysique toujours hypothétique, mais il sera tiré des connaissances positives que nous avons de la nature humaine. La morale serait à la psychologie à peu près ce que l'hygiène et la thérapeutique sont à l'anatomie et à la physiologie. — A cela répond la deuxième objection.

Sans doute la morale doit déterminer l'idéal. Mais, pour que cette recherche soit scientifique, il faut qu'elle s'appuie sur une connaissance exacte

1. M. Durkheim, *Règles de la méthode sociologique*.

des faits moraux. Cette connaissance ne peut être acquise que par l'étude objective et désintéressée de la réalité morale. Il est donc nécessaire de séparer les problèmes théoriques des problèmes pratiques dans l'intérêt même de ces derniers. On cherche d'abord à connaître et à comprendre la réalité morale : c'est l'objet de la science des mœurs ; ensuite on entreprend de juger cette réalité afin de préciser l'idéal : ce qui fait l'objet de l'art moral [1].

Il est vrai que cet art n'est pas encore constitué — et nous avons besoin d'agir et de raisonner notre conduite. En attendant, nous pouvons employer la technique morale préconisée par M. Rauh. La première condition de l'expérience morale est de se mettre face à face avec sa conscience, de libérer sa vie morale de toutes les théories. Ensuite on analyse sa conscience, la conscience de ses concitoyens, les moyens d'action dont on dispose et dont ils disposent, les conditions sociales dans lesquelles on est engagé. L'idée morale est une idée pratique, c'est-à-dire une idée réalisée dans et par une expérience. La croyance morale est donc « une expérience, non l'expérience d'un fait, mais l'expérience d'un idéal ». La puissance d'expansion d'une croyance, le fait qu'elle a été plus vécue,

---

1. M. Lévy-Bruhl, *La Morale et la Science des mœurs*.

qu'à son service se mettent les meilleurs et les plus sincères : tels sont les critères qu'on peut employer à cet égard [1].

La méthode de Guyau ne peut en aucun cas être regardée comme scientifique. La conception que Guyau se faisait de la science, si positiviste qu'il la crût, était comme celle de plusieurs positivistes de son temps, bien entachée encore de métaphysique. Ils repoussaient dans le domaine de l'inconnaissable nombre de concepts transcendants, oubliant que les concepts ne sont en eux-mêmes ni positifs ni métaphysiques, qu'ils deviennent tels selon qu'on en fait tel ou tel usage. Ils portaient volontiers à l'absolu les notions que la science utilise sous certaines conditions d'expérience. Les notions d'évolution, de force, de matière, peuvent être empruntées à la science, mais elles perdent leur caractère scientifique quand elles cessent d'être des termes généraux appliqués à tel ou tel phénomène particulier et deviennent des premiers principes, des réalités en soi.

D'un tel état d'esprit nous trouverions aisément le type caractéristique chez Spencer. Les généralisations des *Premiers Principes* ne sont pas moins ambitieuses, pas moins métaphysiques que les déductions de Spinoza. Et précisément à cette

---

1. M. Rauh, *L'Expérience morale*.

époque le spinozisme était pour beaucoup une manière de philosophie scientifique. Doctrine moniste et déterministe, elle paraissait, selon le mot de Renan, le point vers lequel concouraient les directions les plus générales de la science, l'hypothèse métaphysique la plus probable. Sa morale nécessitaire et naturaliste attirait les penseurs qui, après la ruine de tous les systèmes de la transcendance, voulaient fonder la morale sur l'acceptation de l'ordre immanent et nécessaire que la science découvre dans les choses [1].

Ainsi, Taine, dans l'*Essai sur Marc-Aurèle*, dans la *Littérature anglaise* [2], prétend, au nom de la science moderne, imposer le stoïcisme spinoziste. Malgré des réserves que nous allons indiquer, le dessein de Guyau était bien celui-là. Bien qu'il ne se réclame pas de Spinoza et qu'il soit difficile d'établir historiquement le rapport des deux philosophes, bien que l'on doive relever entre eux de profondes différences, ce n'est pas le hasard seul qui peut expliquer les frappantes analogies que présentent certaines formules de l'*Esquisse* et de l'*Éthique*. A Spinoza autant qu'à Spencer, Guyau doit sa notion de la vie, définie par lui dans les termes mêmes qu'emploie l'*Éthique*.

1. M. Delbos, *Le problème moral dans Spinoza et le spinozisme*, IIe partie, ch. x.
2. Byron, t. IV, pp. 422 sq.

Le concept fondamental de la vie a un sens métaphysique chez Guyau. Nous savons que lui inclinait à faire de la vie le fond même de toute réalité. Sans doute, il fait effort pour distinguer ce point de vue essentiellement métaphysique du point de vue scientifique auquel il prétend se placer : il indique en passant les généralisations possibles de son principe, mais il s'en tient à ses applications dans les domaines positifs de l'esthétique, de la sociologie et de la morale.

Malgré tout, cette distinction est insuffisante : le principe est trop vaste pour les faits positifs auxquels il s'applique. La méthode reste inconsciemment déductive, ne s'adapte pas à son objet. Guyau a eu tort de vouloir faire dépendre la morale d'une science autre qu'elle-même. Il a eu tort de lui donner pour base le concept le plus hypothétique que lui ait fourni la science positive.

CHAPITRE II

DU PRINCIPE DE LA VIE.

Guyau ne définit pas la vie. — La conception métaphysique et la conception scientifique qu'il s'en est fait. — La notion de vie permet de relier l'activité morale à l'ensemble des forces de l'univers. — Elle ramène à l'unité toutes les fins sensibles et morales. — Le plaisir et l'activité. — La vie supprime le débat du pessimisme et de l'optimisme. — Certitude pratique et certitude rationnelle. — Comment la vie peut se donner à elle-même sa loi.

Nous allons voir la méthode de Guyau à l'œuvre et la juger par ses résultats. Nous rechercherons dans quelle mesure son principe peut justifier les règles morales reçues, dans quelle mesure elle peut éclairer l'invention morale. Et comme Guyau a négligé ordinairement de déduire avec précision les conséquences pratiques de son principe, nous serons réduit souvent à lui faire des procès de tendance. Nous nous demanderons si les directions générales de son système sont bien conformes à ce qui paraissent être les aspirations collectives des consciences modernes indépendantes et éclairées.

Guyau ne définit nulle part en termes exprès la notion de vie, qui est le pivot de toute sa doctrine morale. Croyait-il inutile de définir ce fait donné dans une expérience générale et de tous les instants ? Ou bien cette force, en qui il voyait le moteur du monde, lui semblait-elle rentrer par son essence dans l'ordre de l'inconnaissable ?

Guyau, dit M. Fouillée, considérait l'idée de *vie* comme plus fondamentale que celle de *force*, qui n'en est qu'un extrait et un abstrait ; que celle de *mouvement*, silhouette inanimée de l'animé ; que celle même d'existence, puisque la seule existence à nous connue directement est notre vie se sentant elle-même, dont ensuite nous retranchons tel ou tel attribut pour concevoir d'autres existences, par exemple les existences prétendues matérielles, qui ne sont, selon Guyau, qu'une vie à son déclin ou une vie à son début. La vie se trouve dans le dernier atome de l'éther, car on ne peut rien concevoir de vraiment réel qui ne soit vivant[1].

Cette conception de la vie peut être profonde, mais il faut convenir qu'elle est métaphysique. Elle n'est pas dégagée de l'observation des faits C'est une projection en dehors d'une entité inté-

---

1. *Nietzsche et l'Immoralisme*, p. 10.

rieure. Guyau est arrivé probablement à cette conception en objectivant l'idée de force qui provient chez nous du sentiment de l'effort, et en la considérant comme permanente et essentielle à tout ce qui existe.

Pour donner plus de clarté à cette idée, nous devons voir quel usage Guyau compte en faire. Nous définirons le principe de la vie en l'opposant aux autres principes sur lesquels on a vainement essayé de fonder la morale.

D'abord la vie, par opposition à tous les principes transcendants, est un fait. Guyau a été porté par la science même à identifier la finalité et la cause motrice. L'effort constant de la biologie a été d'éliminer les considérations finalistes de l'étude du vivant, et de ramener l'activité vitale à des forces physiques et chimiques.

Ainsi, pour Guyau, la fécondité de la vie n'est rien que l'instabilité de l'équilibre mécanique, qui existe entre l'animal et son milieu. La vie est en somme pour lui l'irritabilité primaire des physiologistes, une force latente qui résulte de l'instabilité d'un composé chimique, une puissance d'expansion en tant qu'elle n'est déterminée par aucun objet extérieur.

En retrouvant la vie élémentaire derrière les phénomènes superficiels de la conscience et de la réflexion, ce que Guyau tient à supprimer, c'est seulement la finalité externe, je veux dire celle d'un objet extérieur au vivant, qui par une vertu propre le déterminerait à l'action. Par là il s'oppose à la métaphysique réaliste, qui nous fait concevoir les choses comme possédant une valeur intrinsèque, comme étant elles-mêmes des biens. Tel est, en effet, le sens général de la critique qu'il adresse au réalisme moral : il faut que l'acte tienne sa valeur de lui-même, non de son accord nécessairement indéterminé avec des fins extérieures. (Critique de l'optimisme du progrès nécessaire.) Il subsiste une finalité interne et en quelque sorte purement formelle, celle dans laquelle l'agent se prend lui-même pour fin de son acte. Telle est précisément celle de la vie. La vie est simplement la tendance à persévérer dans la vie : elle est « à la fois le moteur et l'idéal de la moralité ».

Que la morale doive être dégagée de la considération des fins transcendantes, voilà, croyons-nous, un point sur lequel on ne pourrait faire à Guyau que des objections d'ordre métaphysique. Du moment qu'il veut trouver à la morale un principe, on ne peut que le louer d'avoir choisi le plus formel, le plus vide, le moins susceptible de déterminer *a priori* son contenu futur. Mais nous aurons à voir si ce n'est pas par de purs artifices de dialectique que nous pourrons rattacher ce principe aux règles positives de la morale pratique.

Un second caractère de la vie c'est qu'elle ramène à l'unité tous les mobiles particuliers de l'activité humaine. Il n'y a plus lieu d'opposer les fins sensibles, le plaisir, aux fins morales, à la vertu, et par exemple de supposer que le mal est nécessaire en ce monde comme condition de la vertu, qui doit être une lutte. (Critique de l'optimisme moral.) Ici encore nous ne pouvons que souscrire à cette critique de l'ascétisme, d'autant plus qu'il y a chez Guyau un effort très puissant — et à notre avis très heureux — pour fonder psychologiquement l'hédonisme, et rendre au plaisir sa vraie place et sa vraie fonction dans la vie morale.

Rappelons-nous que pour Guyau le plaisir est le résultat de l'activité, le signe de son accroissement, qu'il n'est pas lié, sinon accidentellement, à tel ou tel objet de l'action, mais au fait même d'agir. Ainsi le plaisir procède de la fonction et ne la crée pas ; il est la conséquence et l'attribut de l'action, non son mobile. La vie ne reconnaît aucune fin en dehors d'elle-même. Elle est la valeur primitive et en quelque façon absolue par rapport à laquelle sont déterminées toutes les valeurs des mobiles particuliers. Par suite le plaisir est bon, non en lui-même, comme assouvissement, comme repos dans un succès, — mais comme signe de l'accroissement de vie, comme principe d'un effort nouveau et d'un nouveau progrès.

En d'autres termes, les choses ne sont pas bonnes ou mauvaises en elles-mêmes, mais par leur rapport avec notre activité. Le moteur du désir n'est pas le bien en soi, mais nous disons les choses bonnes parce que nous les désirons. Par là on supprime encore un des plus vains débats desquels la métaphysique ait prétendu faire dépendre la morale : la question de l'optimisme et du pessimisme. Ni le plaisir ni la souffrance ne sont des réalités données, susceptibles d'une détermination objective. Le bonheur et le malheur, constructions mentales faites après coup, ne sont que des épiphénomènes, des modes superficiels qui traduisent imparfaitement le véritable principe moteur de la vie. Le fait même de vivre résout spontanément le problème, puisqu'il implique une plus-value de bien-être par rapport à la souffrance. Et la sélection naturelle même s'interprète dans un sens optimiste, puisque la mort tend à supprimer la souffrance. Ainsi la vie possède un principe d'action supérieur à la souffrance et au plaisir. Aux interminables discussions du problème : « La vie vaut-elle la peine d'être vécue ? » nous donnons à chaque instant la seule réponse positive : nous continuons à vivre.

Aux hypothèses métaphysiques de l'optimisme

et du pessimisme, c'est encore une hypothèse métaphysique qu'oppose Guyau : celle de l'indifférence de la nature. Mais ce dogmatisme n'est qu'apparent. Si la nature était amorale ou immorale, puisque l'homme en fait partie et que la vie est le fond des choses, ce serait donc à l'immoralisme ou au scepticisme moral qu'il faudrait aboutir. Il n'en est rien. A l'indifférence de la nature, l'homme peut opposer une indifférence égale.

A vrai dire, nous touchons ici à une grave difficulté que Guyau ne semble pas avoir signalée. Si l'indifférence de la nature est l'hypothèse la plus probable, et si l'hypothèse métaphysique influe sur la conduite de l'homme — la morale ne sera-t-elle pas compromise, non seulement dans sa partie hypothétique, mais encore dans sa partie positive fondée sur le principe de la vie ? — Il aurait fallu expliquer comment, la nature étant indifférente à la moralité, la vie humaine évolue cependant vers la moralité.

C'est par sincérité philosophique et par stoïcisme que Guyau admet l'hypothèse « peu consolante » de l'indifférence de la nature. Il veut bien obéir à l'illusion nécessaire de la vie, mais non en être dupe. Nous dirons à notre tour : pourquoi appeler illusion ce qui est la vie même, le mobile intérieur de l'action ? Vivre, sans chercher même un instant à échapper à la vie pour réfléchir sur elle ! Comment pourriez-vous être dupe, s'il n'y a pas d'autre vérité que celle qui à chaque instant inspire mystérieusement tous vos actes ?

Guyau adopte l'hypothèse qui lui permet le mieux d'affranchir la morale des spéculations sur la nature. Il aurait dû aller plus loin, et subordonner nettement les problèmes spéculatifs au problème moral, conclure au « scepticisme d'action », c'est-à-dire à la formule : les choses sont ce que je veux qu'elles soient. C'était la logique de sa doctrine. Notre connaissance des choses est toujours hypothétique : aussi n'est-ce pas à elle que je peux demander ni la loi ni la sanction de mon activité ; je trouverai tout cela en moi-même. La nature n'a pas de sens, mais il suffit que ma vie ait un sens, qui se révèle à moi par un instinct supérieur à toutes les connaissances.

Cependant, à y regarder de plus près, cette objection ne porte pas, ou ne porte que sur une interprétation étroite et incomplète de la doctrine de Guyau. Bien des gens qui n'ont guère retenu de l'*Esquisse* que son titre, ont voulu voir dans la morale autonome une morale anarchique, qui remplacerait tous les mobiles objectifs de l'action par le seul déploiement de la vie belle et morale sous toutes ses formes. Le seul devoir, ce serait d'obéir à son instinct individuel, d'être pleinement soi-même, sans chercher à justifier ses actes par une règle autre que celle de son libre bon plaisir.

En réalité, la morale de Guyau ne s'en tient pas à ce nihilisme un peu simpliste. Tout en cherchant pour elle le principe le plus général et le plus formel, il ne veut pas que ce principe soit indifférent à la matière de la moralité, et que la liberté de la vie se meuve « par delà le bien et le mal ». En revendiquant l'autonomie de la morale à l'égard du dogmatisme métaphysique, il n'entend pas mettre au-dessus de la raison le domaine de la certitude pratique. La certitude morale ne doit pas, ne peut pas être une foi sans lumière et sans critique. Même si elle n'est pas rigoureusement fondée sur la science, elle ne doit pas la contredire : elle doit au moins avoir une valeur scientifique négative. Il y a dans la morale, même autonome, un élément rationnel qui la fait systématiser ses règles. Cette tendance est bonne, quoiqu'elle nous expose à l'illusion de l'absolu.

Par la critique des systèmes de la certitude pratique, de la foi et du doute, Guyau réintroduit dans le principe moral, mais avec un sens nouveau, les notions de règle objective, de rationalité, que la critique du réalisme moral avait paru éliminer. Dans la spontanéité même de la vie, il va trouver le principe de la loi.

En définitive, comme toutes les théories morales — si révolutionnaires qu'elles puissent paraître dans leur méthode et leur principe — la doctrine de Guyau en vient à justifier plus ou moins les faits moraux, le contenu actuel de la moralité. Guyau y est amené par son évolutionnisme. La morale, pour lui, ne peut être contenue tout entière dans son principe élémentaire. Toutes les formes dans lesquelles s'est épanouie cette activité morale, en arrivant à la conscience et à la réflexion, doivent s'expliquer par ce principe, en qui ils ne semblent pourtant pas contenus, aux yeux de l'analyse abstraite.

Il est d'une mauvaise méthode de croire qu'une institution, qu'une morale, ne sont réellement que ce qu'elles ont toujours été, que leur essence se manifeste dans toute sa pureté à leur origine première, et que tout ce qui, au cours de l'évolution, s'est ajouté à cet élément primitif, lui soit hétérogène et contraire. Loin de là, la véritable nature de la moralité se manifeste avec toute sa plénitude dans le « dernier état » auquel l'a amenée son évolution naturelle. Si nous voulons rechercher le principe générateur de cette évolution, c'est uniquement pour empêcher que ce « dernier état » ne s'érige en absolu, en terme ultime, qui ne doit plus être dépassé. En découvrant le principe de l'activité humaine, Guyau ne songe pas à noyer dans son indétermination toutes les catégories morales ultérieurement acquises, mais à leur assurer des possibilités infinies de progrès.

CHAPITRE III

LA FÉCONDITÉ DE LA VIE.

Les deux aspects de la vie. — La fécondité de la vie. — L'égoïsme et l'altruisme. — La vie expansive selon Guyau et selon Nietzsche. — Insuffisance du principe de la vie. — Critique de Guyau par Nietzsche — Réponse de Guyau. — La sociabilité de la vie est postulée, non démontrée.

La vie a été définie une pure spontanéité. Comment peut-elle avoir un sens ? Comment, de l'instinct infaillible et nécessaire, pourrons-nous déduire la distinction du bien et du mal, à moins de ramener celle-ci à la distinction empirique du plaisir et de la souffrance, — ce qui ruine la morale dans l'égoïsme ? D'ailleurs cela même serait impossible, puisque le plaisir résulte de l'activité : il ne peut lui donner aucune direction déterminée. Dans l'individu comme tel on ne peut trouver aucune norme de moralité ; mais il n'y a pas d'individu comme tel : l'individu est essentiellement social, et c'est en fin de compte la sociologie qui donne la solution du problème que nous nous sommes posé.

La vie présente un double aspect : d'un côté elle est nutrition, appropriation ; d'un autre côté elle est expansion, fécondité. Les deux moments de l'activité vitale alternent nécessairement : ainsi l'expiration suit l'inspiration. C'est-à-dire que l'égoïsme n'est pas plus primitif que le don de soi, que le besoin de se répandre au dehors. Égoïsme et altruisme procèdent d'une même source, et ne sont que les deux faces d'une même et indivisible activité.

La fécondité organique fournit à Guyau le type de cette expansion par laquelle la vie dépasse l'individu. Dans les formes élémentaires de la scissiparité, il voit l'exemple saisissant de la nécessité, en quelque sorte mécanique, en vertu de laquelle alternent les deux moments du processus vital. Déjà l'école anglaise avait vu dans la fécondité biologique le principe de la vie sociale et de la moralité. Mais, dans cette doctrine, la fécondité n'est que la source d'où les instincts altruistes dérivent par des altérations et des extensions successives. L'attrait sexuel fait déjà sortir l'individu du souci tout égoïste de sa conservation personnelle. La génération, en constituant la famille, crée entre les parents et les enfants un sentiment de dévouement réciproque, qui est le premier rudiment de tous les sentiments sociaux, puisque la société n'est qu'une famille élargie.

Guyau ne méconnaît pas l'importance de la sexualité dans la vie morale et sociale, mais pour lui l'instinct sexuel n'est pas la source unique d'où dériveraient toutes les formes de l'altruisme. Il n'est qu'une forme particulière du besoin général de fécondité, qui s'exerce sur l'organisme tout entier. Il ne donne pas naissance à l'altruisme, car l'altruisme tient au fond même de la vie. Il y a une tendance générale à l'altruisme, aussi primitive, aussi puissante que l'égoïsme. En d'autres termes, la fécondité psychologique n'est que le type, la manifestation la plus accessible d'une « fécondité plus générale », et c'est par métaphore seulement que ce terme désigne la puissance indéfinie d'expansion qui sous toutes ses formes constitue la vie.

Cette théorie appelle quelques réflexions : nous admettons volontiers que l'égoïsme n'est pas le seul sentiment fondamental de la nature humaine. Nous croyons même que l'égoïsme n'est pas aussi primitif qu'il le paraît. Dans une large mesure il est un sentiment acquis. En effet, il implique beaucoup d'empire sur soi-même, beaucoup de prudence et de calcul. Il est tout le contraire d'un instinct. Tout subordonner à sa conservation personnelle est le propre d'un temps où l'individu a une grande valeur et la conscience de cette valeur : c'est le propre des civilisations avancées. Le barbare, le plébéien, est plus sujet que l'homme d'une culture avancée à être le jouet de ces impulsions brutales qui lui font oublier sa propre sûreté. La brute qui s'obstine avec rage dans un combat inégal, et d'ailleurs inutile, qui se fera tuer par pur entêtement et sans savoir pourquoi, nous paraît d'une valeur morale assez médiocre. Le soldat qui se fait tuer dans un combat par pur sentiment du devoir, ne présente cependant pas un plus grand oubli de son moi, une plus complète abnégation. Il faut distinguer deux espèces d'égoïsme, dont l'un est une vertu ou suppose beaucoup de vertus : c'est la prudence des sages antiques ; l'autre est un lâche amour de la vie, une indifférence pour autrui.

L'impulsion opposée à l'égoïsme est aussi double. Elle comporte : 1° des passions irraisonnées et sans aucune noblesse morale ; 2° des instincts de dévouement et d'altruisme proprement moraux. En d'autres termes, il y a deux façons d'oublier ses intérêts : par sottise et par vertu. Et cette sottise et cette vertu ont bien des airs de famille : c'est une même chaleur de sang, qui donne son héroïsme au soldat et son bestial acharnement au boxeur. L'irréflexion qui porte l'ouvrier à dépenser bêtement la paye de toute sa semaine dans une journée de fête, le rendra aussi capable d'une générosité spontanée qu'on trouverait difficilement chez un bourgeois économe. Les plus beaux dévouements, les plus nobles enthousiasmes, ont parfois un air d' « emballement » ou d'obstination maniaque qui les rend ridicules et suspects aux yeux du sage rassis [1].

En somme, par opposition aux morales intellectualistes (la morale ancienne, la morale anglaise) qui font volontiers de la vertu un calcul, un acte de réflexion, Guyau rétablit une spontanéité morale, un instinct foncièrement altruiste. Mais il ne paraît pas évident au premier abord que la pleine expansion de la vie soit nécessairement l'action désintéressée. En partant de ce même principe, Nietzsche a construit une éthique, qui est la contre-partie exacte de celle de Guyau. Pour lui l'expansion de la vie ne consiste pas à se diffuser, mais à se dépasser elle-même. C'est dans la lutte avec les autres, dans l'écrasement des autres individus, que s'affirme toute la puissance de la vie. L'idéal moral, c'est l'héroïsme le plus antisocial. Il arrive ainsi à constituer un « égoïsme transcendant » aussi éloigné de la morale « servile » du dévouement (celle de Guyau, par exemple) que du

---

[1]. Comme exemple de cet aspect pathologique de la vertu, on peut prendre les héros de Dostojevski, ces détraqués chez qui l'impulsion passe avec aisance du crime au plus sublime sacrifice. De même certains héros de Balzac, le père Goriot, le juge Popinot sont des maniaques du dévouement.

plat et lâche égoïsme du bourgeois. Et peut-on dire qu'il y ait de l'égoïsme à sacrifier l'homme que nous sommes au « surhomme » que nous portons en nous ? — Il ne suffit donc pas de trouver dans la vie la négation de l'égoïsme, il faut encore établir que ce principe doit être social.

Guyau a bien essayé de montrer que l'individu atteint le maximum de sa puissance dans la société et par l'action sociale [1]. Il n'est pas si facile, dit-il, d'écraser autrui, et on peut être vaincu dans cette lutte. — Sans doute, mais l'on peut être vainqueur, et qu'importe même de périr dans la lutte, si la lutte est la seule raison d'être de la vie ! Ainsi répondrait le héros nietzschéen, sûr de sa force et dédaigneux de la mort. — Pour triompher de la résistance d'autrui, réplique Guyau, il faut s'appuyer sur des alliés et rentrer ainsi dans la société dont on a prétendu s'affranchir. — Mais Napoléon a trouvé des alliés et il s'est servi d'eux pour devenir leur maître. Et puis on peut accepter dans l'enceinte d'un groupe certaines servitudes, si elles procurent une plus grande puissance d'action au dehors. Ainsi l' « aristocrate » de Nietzsche est sévèrement tenu dans les bornes *inter pares*, par les traditions, par l'étiquette, par le point d'honneur qui règle toutes ses relations avec eux. Mais

---

1. *Education et Hérédité*, p. 53.

dès qu'il sort de son cercle, il jouit pleinement de l'affranchissement de toute contrainte sociale, en redevenant un « fauve déchaîné »[1].

Un dernier argument de Guyau, c'est que la violence altère intérieurement la volonté, étouffe toute la partie intellectuelle et sympathique de notre être, c'est-à-dire ce qu'il y a en nous de plus complexe et de plus élevé au point de vue de l'évolution. Le brutal redevient brute. — Cet argument est un véritable cercle vicieux. Les instincts sympathiques et sociaux ne peuvent être bons que si l'on admet ce qui est précisément en question : à savoir, que la plus grande expansion de la vie est la vie sociale. Le barbare de Nietzsche se réjouit d'être une brute ; il laisse aux esclaves, à ceux que leur faiblesse condamne à vivre « en troupeau » : la pitié, la charité, la bonté. Le sentiment simple et fort que lui donne la victoire lui paraît plus riche de vie que toutes les complexités et les délicatesses du cœur ou de l'esprit. Le terrassier croit travailler beaucoup plus que l'ingénieur qui calcule, assis à sa table. Quelle est la mesure commune à deux activités si différentes ? Le sauvage chasseur, tout adonné à une tâche simple, peut goûter avec intensité quelques sentiments élémentaires, mais les plus forts et les plus pro-

---

1. *Généalogie de la morale*, I, 2, p. 57.

fonds de l'âme humaine : l'espoir, la peur, la joie du triomphe. Comparez-le à un mondain de nos jours dont l'activité se disperse dans tous les sens d'une vie sociale infiniment complexe, qui est successivement homme d'affaires, homme de sport, amateur d'art, etc., et qui dans aucun de ces rôles n'est tout entier lui-même. Les affections et les haines du mondain sont nombreuses mais rarement profondes ; ses préoccupations sont en majeure partie artificielles, ses sentiments ont acquis une souplesse et une complexité merveilleuses : il est capable de sympathiser avec toutes les émotions qui ont agité les hommes en des pays et des temps très divers, mais cette sympathie est celle d'un dilettante : c'est au théâtre ou dans les livres qu'il va chercher un battement de cœur, un frisson, une terreur, pour se distraire d'une vie fade et médiocre. — Quelle mesure commune pouvons-nous appliquer à ces deux hommes ? Dira-t-on qu'à voir jouer telle pièce de Shakespeare, on vit en quelques heures plus que ne fait un Hottentot en toute sa vie ? Évidemment ces intensités ne sont pas comparables entre elles. Pour préférer la vie sociale, il faut appliquer à ces deux modes de vie précisément notre « échelle de valeurs » construite par la société.

Ainsi le principe de l'intensité de la vie peut servir à deux doctrines diamétralement opposées.

S'il n'y a pas lieu d'adopter la thèse de Nietzsche, elle prouve cependant l'insuffisance du principe de la vie pour fonder la morale. Il y a de l'arbitraire dans la déduction par laquelle Guyau tire de la notion de vie celle de vie sociale.

La moralité résulte des rapports que les individus soutiennent nécessairement entre eux. La loi morale, en un sens, nous est extérieure, puisqu'elle nous est imposée par la société. Et cependant c'est bien une loi immanente, puisque la société résulte des nécessités les plus profondes de la vie humaine.

CHAPITRE IV

L'INDIVIDU ET LA SOCIÉTÉ.

Guyau et la morale anglaise. — I. L'individu est le principe de la société — Critique de cette conception, au point de vue de la méthode sociologique. — Critique de la notion d'individu — L'individu aux points de vue biologique, psychologique et sociologique. — II. Rôle de la société dans la constitution de l'individu. — III. Antinomie de l'instinct et de la réflexion. — Critique de cette théorie. — Science et croyance. — Égoïsme collectif et altruisme — Charité et justice. — IV. Organisation progressive de la justice. — Vraie nature de la moralité.

Une comparaison des principes de Guyau avec ceux de la morale anglaise nous permettra de déterminer avec quelque précision ce qu'il y a d'original dans la conception de Guyau — et aussi les points par lesquels il reste fidèle, trop fidèle, à la doctrine qu'il croyait dépasser.

La psychologie anglaise n'admettait de réalité psychique que celle donnée dans la conscience. Il n'y a de réelles que les seules fins constatables par la conscience ; or toutes ces fins sont intéressées, ayant pour moteur le plaisir et la peine. L'individu conscient est posé au principe de la morale et l'égoïsme réfléchi conçu comme le moteur unique de l'activité. Ainsi s'établit entre l'individu et la société une antinomie insoluble. L'utilitarisme n'arrive à la résoudre qu'en prêtant d'artificiels détours à l'instinct égoïste, ingénieux à se décevoir et à se nier lui-même. La vie morale et la vie sociale ne subsistent en quelque sorte que par contrainte. Guyau a cru trouver dans l'inconscient, dans la vie, un principe de spontanéité morale. Il a placé au plus profond de la nature humaine les racines de la moralité.

Dans son dernier ouvrage, où prédomine le point de vue sociologique, Guyau en montrant que le progrès même mécanique tend à favoriser la constitution d'un type normal, établit dans l'individu une conscience de l'espèce, qui est précisément la norme de la moralité. Il subordonne l'intelligence individuelle à une pensée transcendante de l'espèce et même du monde. Le type de l'homme normal s'impose à notre conscience, et par là même, en vertu de la force impulsive des idées, tend à se réaliser. Mais c'est là de la métaphysique psychologique : l'idée de l'espèce est trop imprécise pour fournir un idéal moral. Guyau est obligé de subordonner immédiatement l'individu à l'espèce biologique, parce que son point de vue psychophysiologique le forçait à ne pas voir entre l'individu et l'espèce ce qui est la vraie réalité sociale : les groupes humains. C'est une conscience sociale, la pensée d'un groupe, qui s'impose à notre conscience individuelle et détermine notre idéal.

I. — Pour Guyau l'individu est le principe de la société. La moralité est due à une évolution psychologique des individus. Les relations sociales sont de nature psychologique et la sociologie n'est, pour lui, que la psychologie des sentiments sympathiques. Les lois élémentaires des sociétés peuvent se déduire de la nature mentale de l'individu naturellement sociable.

Une telle conception prête à de nombreuses critiques. Il est impossible de déduire des propriétés générales de l'âme, la société, et surtout les sociétés de formes si diverses et procédant de mentalités si différentes. D'ailleurs, dans une telle recherche, la psychologie dont nous parlons est celle d'un homme moderne, façonné par des siècles de vie en commun. L'âme qui crée, selon Guyau, la société est en réalité l'âme que la société a créée.

Mais c'est surtout dans les explications particulières que la méthode psychologique individualiste prouve son impuissance. S'il est possible, s'il est toujours possible avec un peu d'ingéniosité, d'expliquer tous les faits sociaux en les rattachant à quelque grande propriété de la nature, cette explication reste illusoire. Sans doute il y a une satisfaction d'ordre imaginatif à se placer dans l'état d'esprit d'un Aryen primitif, et en suivant la logique intérieure de ses sentiments et de sa pensée, à retrouver par sympathie la genèse psychologique de ses croyances sur les dieux et sur le bien. Mais, précisément, dans la plupart des cas, la sociologie objective nous montre que les croyances des peuples primitifs procèdent d'un état d'esprit si différent du nôtre, que nous ne pouvons plus en aucune façon le concevoir : leurs sentiments suivent un autre cours et leur logique même n'est plus la nôtre. Il faut se borner à constater les faits, comme les rituels magiques de l'Inde, sans prétendre à les comprendre, ni à en retrouver le fil du travail intérieur, par lequel de telles croyances ont été formées. Il y a là des procédés de pensée qui sont morts pour nous, et notre psychologie est trop restreinte pour définir dans toute son ampleur et sa variété la Psyché humaine.

Nous avons déjà remarqué combien est arbitraire la tentative de Guyau de tirer la notion de vie sociale de celle de vie individuelle. Sa conception de la morale reste insuffisante et flottante précisément parce qu'il s'est efforcé de la définir en fonction de l'individu.

Examinons donc cette notion d'individu. De nos

jours elle est singulièrement attaquée dans tous les domaines. Au point de vue biologique et psychologique elle n'a peut-être pas toute la clarté que lui attribuait Guyau. La biologie nous montre l'existence de « colonies » composées d'organismes dont chacun a une individualité anatomique, sans posséder l'individualité physiologique, puisqu'il est limité à une seule des fonctions multiples de la vie. Chez l'individu métamérisé, tous les organes se répètent plus ou moins exactement dans tous les segments qui le constituent, dont chacun possède en soi tous les éléments de la vie. Et le type métamérique se retrouve à quelque degré dans tous les organes des animaux supérieurs. L'évolution tend à donner naissance à des organismes dont tous les éléments de plus en plus différenciés sont par là même de plus en plus étroitement solidaires. Mais dans l'organisme le plus individualisé, les éléments subordonnés au plan général conservent pourtant une certaine autonomie. Il y a même dans le corps humain une vie propre de chaque système, de chaque organe, de chaque cellule. Peut-être chacun de ces organes possède-t-il une âme, une pensée distincte du moi conscient. Les cas morbides d'altération, de dédoublement de la personnalité, les phénomènes d'automatisme et de suggestion, amènent à conclure que le type de l'individualité, le moi, n'a lui-même qu'une unité fédérative, assez instable, dont la systématisation est toujours imparfaite[1]. Nous sommes toujours l'*homo duplex*, et des deux hommes qui coexistent ou alternent en moi, quel est le vrai moi ? Aussi, même dans l'ordre de la nature, l'individu n'est pas une irréductible donnée de fait.

II. — Guyau savait bien tout cela[2], mais il crut que l'individu, illusoire en psychologie, pouvait subsister à titre d'unité sociale. C'est confondre le point de vue juridique[3] avec le point de vue génétique. On s'expose ainsi à se méprendre sur le sens réel de l'évolution. En effet, pour une sociologie objective et génétique, ce qui est premier, c'est une société encore amorphe, dans laquelle les éléments, unités biologiques distinctes, ne sont que les cellules toutes identiques d'un organisme colonial non différencié, sans originalité propre ni physique ni psychique, sans autre solidarité que celle toute mécanique qui résulte de leur similitude : la conscience de chacun ne contient rien de plus que la conscience collective.

C'est la division du travail qui crée progressi-

---

1. Sur le « polyzoïsme » et le « polypsychisme », v. Durand de Gros, *Essais de physiologie philosophique*.
2. *Esquisse d'une morale*, p. 115.
3. Le juriste, pour déduire rationnellement les conséquences du droit, peut poser comme hypothèse que les individus juridiques sont des personnes égales, libres et responsables. V. Jellinek, *L'État moderne et son droit*, trad. Fardis, t. I, Introduction.

vement l'individu, en créant dans la masse sociale des groupes de plus en plus spécialisés, qui ont leurs habitudes, leurs traditions, leur mentalité distincte, et qui sont réciproquement reliés par une solidarité contractuelle. Dans l'ordre des mœurs, la multiplicité et l'interpénétration des collectivités assurent à l'individu une autonomie, en le rendant partiellement indépendant de chacune d'elles prise en particulier. Le droit qui régit les relations des groupes entre eux et avec les individus se complique, se précise et confère au sujet une personnalité juridique de plus en plus riche, variée et individuelle. Car si d'abord l'individu n'eut de droits qu'à titre de membre de telle collectivité, de telle caste ou corporation, son individualité morale se définit par l'interférence des divers groupements humains auxquels il se rattache. Et par là, de l'idée des droits positifs acquis progressivement dans l'histoire se dégage l'idée d'un droit absolu, inhérent à la personne humaine, en tant que membre d'une société en général. Ainsi, l'individu, la personne morale, avec la conscience de sa valeur et de ses droits imprescriptibles, est une création de la société, ou plutôt elle en est l'idéal. Aucune société n'a encore réalisé cette plénitude de loi rationnelle, qui ne s'imposerait pas à l'individu par la contrainte extérieure de la force ou de la tradition historique, mais qui serait l'expression d'un contrat consenti librement par des individus souverains.

Cette théorie, la psychologie même peut l'appuyer. La personnalité mentale se développe, se singularise et se libère par un mouvement identique à celui que nous venons de décrire. L'originalité intérieure, le « self-government » et la puissance d'action de l'individu va croissant tous les jours. Cependant même aujourd'hui la conscience individuelle reste en majeure partie alimentée par la conscience collective. L'esprit de caste, la mode, règlent notre pensée et notre conduite, et le plus souvent c'est l'esprit de notre pays, de notre milieu social qui pense et agit en nous. L'idée même que nous avons de notre moi nous est en grande partie suggérée par l'opinion que les autres ont de nous : tant de gens se croient sincèrement braves, parce que dans leur monde on les croit braves. Le moi de la conscience représente bien plus notre attitude sociale que notre vraie nature.

Loin de contraindre l'individu primitivement libre, la société est en réalité son émancipatrice. Plus une société est parfaite, plus elle confère d'individualité aux sujets qui la composent [1].

En résumé, la méthode individualiste, en morale

1. Voir : M. Durkheim, *Division du travail*, livre I, ch. VI, § 4, p. 169 sq.; Summer-Maine, *Ancien droit*, ch. III et IV ; Jellinek, *op. cit.*, pp. 27, et 86-89; Henry Michel, *L'Idée de l'État au*

comme en sociologie, est tout à fait insuffisante. Si l'individu a dans le déterminisme social un rôle qu'il ne faut pas méconnaître, la société a un rôle incomparablement plus grand dans la constitution de l'individu. Ce rôle est manifeste surtout chez les grands hommes, en qui tout un peuple se révèle et prend conscience de lui-même.

III. — Pour Guyau, au contraire, l'organisme le plus parfait est par cela même le plus social. Le fondement de la société est tout psychologique : c'est un instinct. Cet instinct est sans doute préformé dans la nature humaine, qui comporte une tendance générale vers la vie en commun. Mais sans aucun doute, c'est la vie sociale qui a donné à cet instinct ses formes particulières et sa puissance. Il y a là une sorte d'habitude sociale, qui, grâce à l'hérédité, devient une habitude de la race. Cependant, cette habitude doit-elle se renforcer indéfiniment, — et alors l'évolution, dont la période de moralité ne serait qu'un stade transitoire, se ferait-elle dans le sens de l'automatisme et de l'inconscience ? Selon Spencer, l'homme deviendrait à la longue un automate altruiste : il y aurait un mécanisme réflexe du dévouement.

Guidé par une vue psychologique beaucoup plus

XIXᵉ siècle, conclusion ; Renouvier, *Science de la morale*, t. II, p. 418 sq. ; Rousseau, *Contrat social*, édit. Beaulavon, Introduction, p. 8 sq.

pénétrante, Guyau s'est aperçu que le développement de l'habitude ne tendait pas moins à la liberté qu'à l'automatisme. Tout être étant placé dans un milieu variable doit modifier les habitudes acquises, les compliquer, et il arrive ainsi à une plasticité supérieure, à une flexibilité plus grande, qui n'est autre chose que l'intelligence, la réflexion, c'est-à-dire la liberté. A l'instinct, en vertu du progrès même de l'instinct, s'oppose la réflexion, qui va le détruire. Car tout instinct tend à se détruire en devenant conscient. Ainsi la moralité est à la merci du « sens individuel », et il peut se faire qu'elle périsse, si la science ne remplace pas par des mobiles rationnels d'action le mobile instinctif ruiné.

A cela nous pouvons objecter que l'assimilation de la moralité à un instinct est tout à fait inexacte. La diversité des croyances selon les temps et les lieux suffit à le prouver. On ne voit pas d'ailleurs que l'hérédité fasse beaucoup pour maintenir les habitudes morales en ce qu'elles ont de spécifique. La cruauté, par exemple, a un tout autre sens et dépend de causes bien différentes si on la prend chez un Européen ou chez un noir du Dahomey. L'impératif moral a une existence objective, et même quand il se manifeste à la conscience sous la forme d'une aveugle impulsion, il n'est pas une impulsion individuelle, il ne relève pas de la même conscience qui réfléchit, juge et critique : il est en dehors de ses prises. Même en notre temps de réflexion, combien de gens n'ont pas remarqué la contradiction qu'il y a entre leurs principes (c'est-à-dire leur notion personnelle de la moralité) et certaines pratiques coutumières, que la morale publique justifie ou tolère! Tel industriel, d'ailleurs honnête homme, n'arrive pas à comprendre en quoi le travail excessif qu'il impose aux enfants ouvriers est immoral. « Cela se fait partout », dit-il. La critique individuelle ne détruit donc pas les croyances, mais quand elle s'y attaque, c'est le signe que ces croyances sont déjà ébranlées par ailleurs. La preuve en est que lorsqu'une institution ou une idée « a fait son temps », elle est attaquée à la fois par les partis les plus divers au nom des principes les plus opposés.

Si la science est en quelque mesure un facteur de la dissolution des règles morales, c'est que son progrès, comme celui de la morale, est subordonné à l'évolution générale des sociétés, et toutes deux expriment simultanément le devenir de la civilisation. Le fait même que la science puisse quelque chose contre la croyance, prouve que la force propre de la croyance est diminuée. La conscience collective est impuissante à satisfaire les aspirations individuelles, parce qu'elle est devenue impuissante à les contraindre. L'anarchie morale est le symptôme, non la cause, d'un profond déséquilibre des forces économiques, juridiques, politiques et intellectuelles d'une nation. Le fonctionnement d'un organe sain reste inaperçu de la conscience : c'est quand il est malade que nous prenons garde à lui.

Une autre conséquence de la théorie, c'est qu'elle n'arrive pas à préciser l'étendue des devoirs moraux qui relient les hommes entre eux. Il y a un égoïsme collectif, celui de la classe, de la cité, de la patrie ; et de tels sentiments collectifs ont une force suffisante pour incliner l'individu au sacrifice de lui-même. Il n'est pas sûr que l'idée humanitaire provoque autant de dévouements qu'en a fait naître l'idée de patrie. L'étroite cité antique était animée d'un amour fanatique, que n'inspire pas la patrie moderne, dont l'existence est en quelque sorte moins sensible. Il faut donc faire entrer dans l'appréciation morale du sacrifice la considération du groupe auquel il profite On doit se demander si l'idéal humanitaire, plus étendu, a plus de valeur que l'idéal patriotique, plus déterminé ; — si on doit subordonner à un intérêt plus général l'intérêt de sa patrie. Graves questions que se pose en bien des circonstances la conscience moderne et auxquelles Guyau ne répond pas. Le devoir, tel qu'il le conçoit, ne comporte pas de degré, pas de hiérarchie.

IV. — Il reste une objection encore plus importante. Guyau, nous l'avons vu, n'envisage dans la moralité que son aspect subjectif. Aussi le progrès de la moralité doit-il consister à élargir et à approfondir la sociabilité de l'homme, qui mesure l'intensité de sa vie. L'état idéal de la société serait, pour Guyau, celui d'une fraternité parfaite, dans laquelle chaque homme aurait pour tous ses semblables une affection égale à celle qu'il a pour lui-même. La charité, la pitié, le sacrifice : voilà pour lui les plus hautes vertus auxquelles l'homme doive atteindre.

Pourtant il y a lieu de se demander si un monde dans lequel régnait assez de justice pour que la pitié, la charité, le sacrifice, y soient superflus, ne serait pas supérieur. Nous commençons à trouver cruelles et immorales les doctrines qui font de la pitié un sentiment aussi précieux, pour que son existence rachète toutes les injustices de l'ordre social. Il n'est pas bon que la vertu de quelques-uns ait, pour s'exercer, besoin de la souffrance générale. Sans doute la charité est un des plus sublimes efforts auxquels ait pu s'élever la nature humaine; mais la charité n'a de valeur que comme une protestation de la conscience individuelle contre l'injustice des choses et de la société. Elle est le moyen et la préparation de la justice complète : elle ne saurait être l'idéal suprême.

D'ailleurs le sentiment de pitié, comme tous les états affectifs, tend à devenir une habitude, à perdre son caractère impulsif, et il devient peu à peu un devoir strict. Par là même se crée une sorte de droit correspondant chez celui qui en est l'objet. Vous donnez en passant une aumône à un pauvre, et vous n'y pensez plus, ayant satisfait votre pitié d'un moment. Mais si ce pauvre se retrouve tous les matins à votre porte, et que votre aumône se répète, le sentiment de pitié qui l'inspira d'abord se perdra bientôt, mais il subsistera l'habitude, plus forte et au fond plus bienfaisante que l'impulsion irréfléchie du premier jour. Tout acte de bienfaisance, étant répété, impose à son auteur une sorte d'obligation envers la personne aidée. La crainte de cette responsabilité est cause de bien des duretés de cœur. On ne sait jamais où nous mènera le fait de nous intéresser à quelqu'un.

Nous devinons, par ce qui précède, que la charité est une anticipation irrationnelle de la justice et qu'elle ne peut se satisfaire que par la justice. Ce qui était charité hier, devient le lendemain justice. L'homme de génie (il y a aussi un génie en matière éthique) découvre les devoirs nouveaux, qui s'imposent peu à peu à la conscience commune. Saint Vincent de Paul, en recueillant les enfants trouvés, prenait une initiative qui dépassait le niveau général de la conscience de son temps. Peu à peu la charité se régularise, et en même temps s'impersonnalise. La bienfaisance d'Etat nous montre la transition entre la libre initiative des individus, et l'organisation légale de la justice.

Un jour viendra peut-être où la loi rendra inutiles toutes les formes de la charité privée, en proclamant le droit de tous à vivre, droit que reconnaît implicitement et timidement la charité. C'est l'idéal que nous devons admettre si vraiment nous voulons « le bien du prochain » — et non l'égoïste jouissance de notre supériorité morale, qui se satisfait d'une générosité, méritoire parce qu'elle est spontanée.

On n'a pas à regretter que l'organisation de la justice ne tue ce qui faisait la fleur de l'âme humaine : le sentiment profond de la pitié, le goût du dévouement, l'ingéniosité du sacrifice. Il restera toujours assez de souffrances, contre lesquelles nous ne pouvons rien, pour qu'il n'y ait pas à craindre de voir se rétrécir au profit de la stricte justice le domaine de la charité.

Qu'on ne dise pas non plus que la justice sera toujours insuffisante, qu'on est trop vite et trop aisément en règle avec elle, et que même où elle a passé, il reste beaucoup à faire à la charité. A vrai dire, nous ne connaissons pas encore toute l'étendue de cette catégorie du juste. Il se pourrait bien que la justice stricte exige beaucoup plus que ne ferait la charité la plus scrupuleuse. Car la justice veut pour tous ce que la charité veut pour quelques-uns. La charité a ses limites arbitraires qu'impose le bienfaiteur, tandis que la justice n'est achevée que lorsque le droit de l'un est en équilibre avec le devoir de l'autre.

Une justice aussi parfaite est-elle impossible à réaliser ? — Elle est moins impossible sans doute que l'universalisation de la générosité, qui est l'idéal moral selon Guyau. Toujours il restera de l'égoïsme dans l'âme humaine, mais les lois créent un impératif moral supérieur aux volontés et capable de les discipliner. On a dit avec raison que dix hommes réunis aiment la vertu plus que ne fait chacun d'eux en particulier. De même, il y a une volonté générale, qui extrait une justice d'un ensemble de volontés particulières et égoïstes. Aussi, la loi écrite d'une société à un moment donné représente une moralité plus haute que celle de la majorité des individus. Le droit devance presque toujours les mœurs et les crée [1].

---

[1]. Au moins un droit progressif, qui n'est pas figé dans des lois traditionnelles. Ainsi, il est bien certain que la conscience populaire, qui, au temps de Tibère, protestait contre la condamnation des esclaves, était fort en avance sur la loi qu'on appliquait. Aussi cette prodigieuse différence entre la loi archaïque et l'esprit nouveau de la Rome impériale amena une profonde révolution morale. On pourrait d'ailleurs observer que si

Le seul progrès moral possible consiste, non pas dans une réforme chimérique de la nature humaine, mais dans l'institution d'un ordre de justice supérieur à la sphère propre des volontés individuelles. Ce point de vue permettrait de concilier les vues de Guyau sur le sens du progrès moral avec celles de Spencer. Si le développement de la vie collective crée un automatisme — l'automatisme de la justice — elle développe en même temps la personnalité, la liberté individuelle, l'invention morale.

En résumé, Guyau, à cause de son point de départ trop étroitement psychologique, n'a pas pu déterminer la vraie et spécifique nature de la moralité. Il n'a vu de la moralité que son aspect subjectif : ce qu'elle a d'individuel. Il a cru qu'elle était une création spontanée de la nature individuelle de l'homme, tandis qu'elle est en réalité une discipline collective créée par la vie en société.

pour des raisons sociales ou religieuses un droit cesse d'évoluer, l'évolution des mœurs se ralentit, peut même cesser. S'il pouvait y avoir à Rome tant de différence entre la loi et les mœurs, c'est que, dans cette ville cosmopolite, la moralité subissait beaucoup d'influences provenant du dehors de la cité.

CHAPITRE V

LA MORALE SANS OBLIGATION.

Réalité du sentiment d'obligation. — Il n'est pas d'origine transcendante. — L'explication psychologique de l'obligation est insuffisante. — Son explication sociologique. — L'individualisme de Guyau. — L'individu contre la loi. — La croyance métaphysique. — La foi rationnelle.

Le sentiment d'obligation est un fait psychologique que nous n'avons ni à discuter, ni à supprimer. Mais il faut l'expliquer. Car dans ce caractère impératif du devoir les religions et la métaphysique ont voulu voir une sorte de révélation mystique, le commandement absolu d'une volonté divine ou d'une raison transcendante. Guyau a très bien montré que l'obligation n'a rien de métaphysique, qu'elle est un phénomène purement psychologique, et qui n'est même pas sans analogues.

Le devoir n'en reste pas moins respectable, parce qu'il n'est plus un commandement immédiat de Dieu. Il est l'expression d'un instinct profond de la vie. On trouve dans les lois psychologiques qui régissent l'activité des équivalents positifs de ce que les métaphysiciens appellent le devoir. La vie va spontanément au bien et n'a pas besoin d'être obligée. D'ailleurs cette force impérative n'est pas spéciale à l'instinct moral. Tous les instincts peuvent se manifester sous forme d'obligation. Guyau fait cependant un aveu important à retenir : le sentiment d'obligation morale doit sa force et sa généralité à ce qu'il répond à une nécessité de la vie de l'espèce.

Cette vue est profonde. Malheureusement, elle est jetée en passant. Il faut louer la fine et pénétrante analyse psychologique du sentiment d'obligation, tout en reconnaissant son insuffisance. C'est un grand mérite pour Guyau que d'avoir ainsi dissous l'apriorisme moral [1]. Mais précisément, son effort pour dégager ce qu'il y a de commun dans le sentiment d'obligation lui a fait négliger ce qu'il y a de spécifique en lui.

En somme, Guyau attribue la qualification morale aux instincts les plus généraux et les plus durables de l'humanité, et il les explique par des considérations de psychologie abstraite. Mais il observe lui-même que le sentiment d'obligation morale peut s'attacher à des règles qui nous paraissent aujourd'hui essentiellement immorales, ou — ce qui est peut-être plus grave —

---

1. M. Rauh, *L'Expérience morale*, ch. I.

à des actions devenues maintenant indifférentes à toute qualification morale [1]. Comment expliquer ces étranges erreurs de l'instinct moral ?

En admettant l'existence de l'instinct moral et sa capacité d'obliger, l'explication que Guyau en tire reste encore insuffisante. On pourrait lui adresser une critique analogue à celle qu'il adresse aux systèmes dogmatiques. La fin de l'instinct moral est indéterminée et n'a aucun rapport nécessaire avec les préceptes particuliers, différents selon les pays et les temps, par lesquels s'est exprimé cet instinct. Par exemple l'instinct de reproduction, sans doute identique chez tous les hommes, a donné naissance à des règles morales différentes. La polygamie, qui est de règle dans le monde musulman, répugne aux chrétiens. Si l'on admet que la pudeur est un instinct naturel, on comprend bien que le vêtement se soit imposé moralement, mais non pas que la pudeur consiste ici à couvrir le corps et ailleurs le visage. Ajoutons enfin que beaucoup de croyances morales, d'un caractère impératif non douteux, sont absolument inexplicables, inintelligibles et ne peuvent se ra-

---

1. Guyau cite les cas de variabilité morale pour ruiner la conception d'un bien et d'un devoir absolu, certain et universel. Et il remarque en passant que cette variabilité peut provenir aussi de la division du travail. (*Esquisse*, p. 51.) Malheureusement sa doctrine l'empêchait de découvrir dans cette intuition profonde la saine théorie sociologique que nous connaissons.

mener à aucun instinct[1]. Ce sont peut-être les croyances les plus primitives.

Vouloir fonder sur l'instinct les obligations morales, amène à les rationnaliser hors de propos, à leur supposer une fin utilitaire qu'elles n'ont peut-être jamais eue. Guyau avait indiqué que la tradition et la coutume ont par elles-mêmes une puissance impérative. Il n'était pas nécessaire de supposer au devoir, au moins en ce qu'il a de primitif, un autre principe d'autorité que celui-là. L'idée d'obligation s'attache d'abord à des règles juridiques définies, spéciales, dont ceux mêmes qui les subissent ne sauraient donner aucune explication rationnelle. La conscience collective, qui impose ces lois aux individus, est peut-être illogique — ou sa logique intuitive est dirigée par la considération des nécessités sociales et mentales que nous ne pouvons reconstruire. Mais ce caractère irrationnel de la législation primitive lui donne sa force : c'est ce qu'on exprime en lui supposant une origine divine. Plus tard seulement se dégage la notion générale d'un impératif indéterminé, et l'obligation morale est mise sur le même plan que les autres formes psychiques de l'obligation. C'est déjà un progrès de la réflexion et de la critique que de laisser subsister dans le devoir seulement ce

---

1. Voir M. Durkheim, *Division du travail social*, liv. I, ch. II, pp. 35 sq.

qui peut s'en justifier par la considération rationnelle de l'utilité individuelle ou sociale. En ce qu'il a de spécifique, le sentiment d'obligation est psychologiquement inexplicable, parce qu'il est d'origine sociale.

Cette méconnaissance de la nature des devoirs entraîne Guyau à une autre erreur assez grave sur leur évolution. Nous sommes d'accord avec lui sur l'apparition tardive des devoirs envers soi-même : notre point de vue sociologique nous permettrait d'ajouter aux siennes des preuves encore plus décisives. Mais nous ne pouvons admettre que les devoirs stricts soient postérieurs aux devoirs larges. Que l'abstention soit la chose la plus difficile à obtenir d'un primitif, nous le concédons. Cependant le droit répressif est celui qui apparaît le premier à l'origine des sociétés [1]. Rien n'est plus envahi de règles restrictives que la vie d'un primitif. Pour en rester à un exemple classique, rappelons-nous la quantité de *nefas* qui limitaient l'initiative du citoyen romain.

La critique de l'obligation amène Guyau à l'idée la plus originale peut-être de sa morale, celle en tout cas qui lui a attiré le plus d'admirateurs passionnés : l'idée de l'anomie morale. Peut-être l'individualisme qui éclate au IIe livre de l'*Esquisse*

---

1. *Division du travail*, liv. I, ch. II.

n'est-il pas en accord avec le *socialisme sentimental* du premier livre. En tout cas il ne se relie pas nécessairement à lui. Nous voulons essayer de montrer les raisons qui ont amené Guyau à dépasser son point de vue primitif, au risque d'introduire dans son œuvre, sinon peut-être une contradiction logique, au moins une assez sensible divergence d'inspirations.

La morale scientifique, selon Guyau, a une certitude, mais à condition que cette certitude soit limitée. Elle ne peut donner à l'impératif qu'une autorité hypothétique. C'est-à-dire que l'individu peut se poser librement l'alternative : « Veux-tu ou non être un être moral ? » — S'il veut l'être, la science et l'expérience lui prescrivent en toute certitude les devoirs moyens qui conviennent à la vie ordinaire. La morale est acceptée donc par libre choix de l'individu, et cette radicale liberté se retrouve encore dans les cas « tragiques » de l'existence, lorsque la science ne fournit pas de solution. L'intensité de la vie peut nous dicter certaines actions, qui n'impliquent un sacrifice qu'en apparence. Mais l'instinct de la vie peut-il arriver à se nier lui-même ? Il faut, en présence de ces problèmes particuliers, appliquer des méthodes toutes personnelles. A côté de la morale courante de la sociabilité, il y a une morale individualiste des héros.

Nous l'avons déjà vu, c'est d'une façon passablement arbitraire que Guyau définit la vie la plus intense comme la vie la plus sociable. Ce qui pourrait justifier cette conclusion, ce serait la constatation assez prosaïque que, tout compte fait, on a encore plus de chances de vivre longtemps et d'être heureux en s'adaptant au milieu social dans lequel on vit. Mais à côté de ce sage calcul, Guyau montre fort bien qu'il subsiste dans l'homme un goût du risque, un plaisir de la lutte et du danger; il souligne avec raison la haute importance morale de cet instinct.

Nous ne saurions cependant nier qu'il y ait — avec beaucoup de fâcheuse perversion — une sorte de grandeur morale dans l'orgueil romantique avec laquelle certains hommes ont voulu renoncer à la fois aux lois et aux bienfaits de la vie sociale. Se mettre en dehors de la société, pour être plus pleinement « soi », c'est accepter le risque d'un combat bien inégal, et en ce sens il y a du courage à le faire. Mais qu'on le remarque bien, cet orgueil individualiste peut amener à des conséquences bien différentes. Au fond, Napoléon, Kropotkine, Cartouche, se mettent de la même façon au-dessus des lois, et si nous jugeons ces trois personnes de façons bien différentes, c'est que nous les jugeons encore au nom d'un intérêt social, dont ils ont précisément voulu s'affranchir. Il est à craindre qu'en justifiant la spontanéité anomique, nous arrivions à lui subordonner la loi.

Sans doute Guyau entendait bien que les deux domaines fussent séparés : la spontanéité individuelle ne peut intervenir que dans les cas exceptionnels. Dans sa pensée, ce qui donne à l'héroïsme altruiste une valeur impérieuse, c'est qu'il garde toute sa valeur à la fois dans le domaine de la vie sociale et dans le domaine de la vie intérieure. Mais ce qui nous paraît contestable, c'est que ces deux domaines puissent rester séparés. Si l'individu est susceptible de se créer un idéal, et de lui attribuer une valeur assez grande pour lui sacrifier sa vie, cet idéal pourra être étranger et même contraire à la moralité. Guyau, en concluant de la possibilité du suicide à celle du sacrifice, ne s'aperçoit pas qu'il justifie par là même le suicide inspiré par les mobiles les plus lâches.

Mais ce qui permettra peut-être d'éclairer la pensée de Guyau et de résoudre les contradictions qu'elle paraît provoquer, c'est le rôle qu'il attribue aux hypothèses métaphysiques dans la vie morale supérieure. Sans doute les théories métaphysiques sont hypothétiques, et à ce titre restent inférieures en un sens à la science ; mais en un autre sens, elles lui sont supérieures, car elles peuvent commander catégoriquement. Leur certitude spéculative est moindre, leur certitude pratique plus grande. En ce sens elles peuvent justifier l'héroïsme, c'est-à-dire l'obéissance à un devoir inconditionné, délivré de tout intérêt. Mais les hypothèses métaphysiques ne commandent pas le devoir au nom de leur certitude propre : elles tiennent leur valeur pratique du choix libre par lequel nous les adoptons, par lequel nous assumons la responsabilité d'une doctrine et des conséquences qu'elle entraîne. C'est la carte sur laquelle nous risquons toute notre vie morale. Nos actes ont des raisons métaphysiques, mais c'est nous qui créons ces raisons par un effort de libre volonté. L'obligation peut reprendre ainsi son caractè absolu et rationnel, mais elle n'est absolue que par rapport à moi, à ma raison individuelle. La morale autonome devient de plus anomique : la loi n'est plus universelle, parce qu'elle tient toute son autorité d'un choix individuel.

Ainsi la morale, positiviste à sa base, vient se terminer dans la libre croyance métaphysique. Un ordre de la foi se superpose à celui de la science. Mais cette foi n'est plus la simple et irrationnelle inspiration du cœur, qui croit au devoir parce qu'il a le devoir de croire. Elle n'est pas dupe d'elle-même, du devoir qu'elle s'impose, ni des raisons qu'elle s'en donne. Elle vaut, non par elle-même, mais par les résultats pratiques qu'elle produit. On la juge à sa fécondité. Cependant sa valeur théorique est distincte de sa valeur pratique et ne lui est pas subordonnée. Il n'y a pas lieu de croire l'absurde, sous prétexte que l'absurde a d'heureux effets moraux. Sans doute le fond de la pensée de Guyau est que la doctrine la plus féconde et aussi la plus rationnelle, que la raison est à la fois ce qui a le plus de chance d'unir les hommes dans une même croyance, et de donner à chaque homme la plus puissante impulsion morale L'idée-force est d'autant plus « forte » qu'elle est plus logique et en même temps plus communicative. Il arrivera quelque jour que la valeur pratique des doctrines coïncidera avec leur valeur théorique, et la plus absolue liberté de l'inspiration personnelle aboutira à une parfaite unité de croyances. La raison individuelle créera l'harmonie rationnelle des individus.

Ici peut-être Guyau n'est pas aussi loin de Kant qu'il le croit. Pour le rationalisme kantien, la raison à la fois impersonnelle et individuelle permet aussi de concilier la spontanéité individuelle, en ce qu'elle a de plus profond, avec l'universalité de la loi. Mais ce rapprochement montre combien Guyau s'est éloigné de son point de départ primitif. Cette harmonie que la raison crée entre des individus libres et moraux est l'opposé de l'harmonie mécanique que la vie crée entre les individus sensibles.

CHAPITRE VI

LA MORALE SANS SANCTION.

Méthode de critique. — La sanction naturelle. — La sanction morale. — La sanction sociale. — L'utilitarisme pénal. — Individualisation de la peine. — Conclusion.

Le second concept métaphysique de la morale est celui de la sanction. Il est nécessaire dans une conception qui fait consister l'essence de la moralité dans la loi ; car la loi qui s'impose à nous du dehors doit posséder des moyens de contrainte efficaces. Que devons-nous penser de cette idée ? Si l'on poussait à bout la logique de la morale anomique, on aboutirait à la suppression totale de l'idée de sanction, puisque cette idée est en rapport étroit avec celle de loi. L'action morale parfaitement spontanée devrait porter en elle-même sa propre récompense ou sa propre punition. Dans un utilitarisme absolu, la sanction perdrait tout sens moral, se réduirait à des conséquences naturelles. Il n'est pas « immoral » de manger avec excès, mais si on mange trop, on aura une indigestion; donc « il ne faut pas » manger avec excès.

L'attitude de Guyau à l'égard de l'idée de sanction n'est pas aussi catégorique. Il ne la repousse pas absolument; il condamne seulement l'idée que s'en font la morale et la religion vulgaires. Il veut lui garder un sens moral, tout en la purgeant de toute espèce d' « alliance mystique »[1]. Est-il possible qu'une telle idée, qui est, de toute la morale, la plus théologique, puisse se purger de toute alliance mystique, sans se ramener à l'idée, soit de réaction sociale purement utilitaire, soit de réaction naturelle purement fatale ?

Remarquons d'abord la méthode critique de Guyau. La notion de sanction implique celle de justice, c'est-à-dire d'un équilibre rigoureux entre un certain état de la volonté et un certain état de la sensibilité. Il essaiera de montrer qu'une équivalence entre deux phénomènes si différents est inconcevable ; poussant à bout la logique de la justice, il établira que cette idée est contradictoire, et doit se résoudre dans celle de charité et de pitié. Sa méthode sera donc d'exiger que la sanction réponde aux exigences les plus rigoureuses de la justice, pour établir qu'une moralité fondée sur la justice est, de son propre aveu, au plus haut point immorale.

---

1. *Esquisse d'une morale*, p. 181.

L'intention de Guyau est bien manifeste dans sa critique de la sanction naturelle. Cette conception est évidemment d'un ordre inférieur, mais très soutenable dans la sphère où elle prétend s'enfermer : il suffit de la dégager de toute signification morale, ou bien de définir la moralité comme la soumission en vue du bonheur aux lois naturelles. Ainsi entendues, les lois naturelles, précisément parce qu'elles sont nécessaires, ne seraient pas « corruptibles » autant que le dit Guyau [1].

Qu'on puisse échapper à la sanction naturelle de l'intempérance, cela n'est pas bien sûr, car le remède lui même aura peut-être bien des suites fâcheuses. D'ailleurs l'intempérance court risque de devenir une habitude, dont on subira un jour ou l'autre les conséquences, si on a pu les esquiver une fois ; — et cela suffit à rendre une certaine équité à cette sanction.

On pourrait même concevoir que la nature représente la justice absolue, qu'elle punit toujours le mal, récompense toujours le bien : il suffit de dire que tout est bien qui est couronné par le succès [2]. On pourrait le dire encore en un sens plus profond, si on supposait dans la nature une justice immanente, qui ne contredit notre idée de la jus-

---

1. *Esquisse d'une morale*, p. 181.
2. Jean Weber, *Revue de Métaphysique*, sept. 1894.

tice que parce qu'elle la dépasse infiniment. C'est en somme à des idées pareilles que se sont élevés les théoriciens de la grâce, pour qui « la justice divine est insondable ».

Mais pour comprendre ainsi la justice immanente des lois naturelles, il faut ne pas les subordonner à une loi autre que celle de la nature; il faudrait ne pas demander aux choses d'être kantiennes, et de punir dans l'acte, l'intention. En un mot, Guyau condamne la sanction naturelle précisément parce qu'elle ne répond pas aux conditions mystiques de la justice.

L'idée de sanction morale aboutit à une antinomie plus forte encore : pour que le châtiment soit moral, il faudrait qu'il fût librement consenti par celui qui en est l'objet; mais vouloir librement expier, c'est déjà s'être assez amélioré pour n'être plus coupable. Voilà une des idées directrices de Guyau : la sanction ne peut réparer ; or cette idée de réparation, tout empirique, est le fond naïf de l'idée mystique d'expiation. Sa punition doit donc porter, non sur l'acte, mais sur la volonté, pour l'améliorer.

Tout ce qui de l'idée de sanction résiste à l'examen, c'est l'idée de correction. La sanction ne peut être qu'un moyen, non un but, sinon elle devient aussitôt immorale. De pareilles critiques ne peuvent nous sembler décisives, car détruire une idée en la poussant, par un raisonnement dialectique, à ses limites logiques, cela condamne les conséquences qu'on en peut déduire, mais ne met pas en cause la légitimité de l'idée même. La méthode de Guyau arrive aussi bien à montrer que l'idée de justice est transcendante à notre raison, qu'à prouver son irrationalité. On pourrait s'en servir pour prouver que la « grâce » est le complément nécessaire de notre morale, que nos sanctions ne sont que des approximations d'une sanction définitive et ultra-terrestre.

Pour la question de la sanction sociale, nous trouvons un terrain plus solide, mais aussi plus dangereux. La méthode abstraite de Guyau, excellente quand elle s'applique à des concepts purement idéaux, est insuffisante contre des faits. Or la sanction sociale est un fait. On ne peut la critiquer que si on l'a analysée entièrement, si on a épuisé tout le sens qu'elle a acquis au cours de son évolution concrète. Ici comme ailleurs, Guyau, au lieu de prendre les sanctions dans l'histoire, avec le sens qu'elles ont eu en fait chez les divers peuples, — par un effort de divination essaie de retrouver en elles leur principe psychologique universel et permanent.

Selon sa coutume d'expliquer le fait moral, en négligeant ce qu'il a de spécifique, pour le ramener à un fait naturel plus large, Guyau dérive la punition du réflexe : c'est une réaction, un cas particulier de l'irritabilité organique[1]. Psychologiquement il la dérive du besoin de revanche, du talion. Et le caractère moral qui distingue la sanction de la simple vengeance, est le désintéressement. Est morale une réaction qui, au lieu d'être provoquée par une offense personnelle, est excitée par sympathie. D'où l'idée d'une justice distributive, impersonnelle, dégagée de tout sentiment de haine.

Nous ne pouvons critiquer point par point l'examen que Guyau fait de la sanction. Précisément à cause du point de vue sociologique où nous nous plaçons, nous serions obligés d'entrer dans une étude de détails pour laquelle, nous devons l'avouer, les éléments nous manqueraient. Il nous suffit d'avoir élevé contre la méthode de Guyau une question préjudicielle. Il est plus intéressant de voir à quelles conclusions pratiques aboutit cette étude.

La justice distributive, forme primitive de l'instinct de défense, reste une défense ; mais en devenant désintéressée, sociale, elle dépouille l'élément de haine qu'elle contenait. Elle tend à concilier les nécessités de la défense sociale avec une pitié toujours plus grande pour le coupable. Au

---

1. *Esquisse d'une morale*, p. 203.

fond, Guyau croit à l'inanité des sanctions sociales. D'ailleurs, ne vont-elles pas en perdant de leur importance ? Comme Nietzsche [1] il croit que la société, à mesure qu'elle devient plus forte, peut laisser dédaigneusement impunies un plus grand nombre d'actions coupables. Comme Kropotkine, il estime qu'un jour punir le criminel paraîtra aussi absurde et inutile que punir les fous. Cependant, il ne va pas au bout de cette idée, et conserve à la peine une efficacité sociale. Il n'est du reste pas aisé de savoir si cette efficacité consiste plutôt à éliminer le coupable qu'à l'amender.

Un détail remarquable de cette critique, c'est l'objection adressée par Guyau aux criminologistes italiens [2]. Pour ceux-ci, la loi tendrait de plus en plus à ne considérer dans le délit que l'acte brut, en négligeant l'intention du coupable. Cela est une étrange application du principe déterministe. En réalité, le déterminisme exige qu'on tienne compte le plus exactement possible de tous les mobiles qui ont pu provoquer le délit. Ce sont les idées mystiques primitives qui mettaient dans l'acte une valeur morale absolue et punissaient dans le coupable son crime, non sa personne. Au contraire, la conscience moderne tend décidément à punir non

1. *Généalogie de la morale*, dissert. II.
2. MM Ferri, Garofalo et Lombroso.

l'acte en lui-même, mais cette volonté profonde à laquelle le déterminisme bien entendu nous amène à croire. La peine s'individualise : tel est le sens des circonstances atténuantes, des degrés de responsabilité admis par le code pénal en tous pays. Par là, la sanction, en portant non plus sur le fait passé, mais sur la personne tout entière, devient ce que voulait Guyau : une garantie pour l'avenir. Il faut le louer d'avoir formulé des doctrines si en accord avec les tendances générales du droit pénal [1].

Il y a peu à insister sur les critiques des idées de sanction intérieure et de vie future. Remarquons seulement sur le premier point que le procédé employé reproduit celui que nous avons vu appliquer à l'idée d'obligation. Le remords est l'expression générale d'une tendance contrariée : toutes les souffrances peuvent donc prendre la forme du remords, et par conséquent celui-ci n'a aucune valeur proprement morale. Mais on peut se demander si la conclusion toute stoïque de Guyau est bien en rapport avec le principe qu'il a donné à sa morale. Dans la critique du progrès moral, nous l'avons vu essayer de résoudre l'antinomie des fins morales et des fins sensibles. Le principe de la vie semblait concilier dans l'activité

---

[1]. Voir M. Saleilles, *Individualisation de la peine*.

le plaisir et la moralité. N'est-ce pas au nom d'un tout autre principe et d'un autre idéal que Guyau demande ici une vertu sans rapport avec le bonheur, et qui même ordinairement en est la négation ?

CONCLUSION

LE PROBLÈME MORAL SELON GUYAU.

Nous avons relevé dans la doctrine de Guyau de flagrantes contradictions, que n'arrivent à dissimuler ni la hardiesse des vues, ni l'éloquence des développements. Il faut bien le reconnaître, ces contradictions étaient inévitables, car elles sont au fond de la conscience de notre temps, incertaine encore sur son idéal. Guyau a partagé toutes ces inquiétudes, son livre en porte la trace, et c'est ce qui en fait un document moral de premier ordre, un témoin des plus nobles aspirations de son temps.

Mais lors même qu'il exprime les aspirations de la conscience commune, le philosophe doit les systématiser, ramener le problème confus qui trouble la pensée instinctive à ses éléments précis, susceptibles d'une solution rationnelle. Il doit au moins avoir la conscience que certains problèmes sont insolubles, parce que leurs énoncés sont contradictoires. Et c'est souvent sous ces formes contradictoires que Guyau a posé le problème moral.

La morale ne doit pas être métaphysique. Cependant le problème moral se pose pour Guyau en termes essentiellement métaphysiques. Il veut *fonder* la morale, c'est-à-dire trouver à la certitude propre des règles pratiques un fondement dans une certitude d'un ordre supérieur. Il veut les rationaliser, les rattacher à un principe pleinement intelligible, les mettre en relation avec une loi plus générale, montrer que la moralité n'est pas un accident, mais qu'elle résulte des plus profondes nécessités de la vie. Or cet effort pour ramener des lois spéciales à un ordre universel, pour ramener la certitude à un principe unique, — cela c'est la définition même de la métaphysique.

Le problème moral ainsi énoncé sort du domaine scientifique dans lequel Guyau prétendait rester, car la première condition de la science positive c'est de prendre comme une certitude le fait qu'elle étudie : elle doit accepter le donné empirique sans essayer de le fonder. Un physicien étudie la chaleur, la lumière, et ne s'inquiète pas de justifier la possibilité rationnelle de ces phénomènes. L'hypothèse est pour lui une conséquence de l'induction et — si fortement établie soit-elle — sa certitude n'est jamais supérieure à celle de l'expérience. Le postulat rationaliste de l'empirisme est que toute vérité de fait est en droit susceptible d'une justification rationnelle ; mais cette vérité n'est jamais subordonnée à une explication rationnelle quelconque.

Pourquoi en serait-il autrement de la morale ? « La morale, dit M. Lévy-Bruhl, n'a pas plus besoin d'être *fondée* que la nature au sens physique du mot. Toutes deux ont une existence de fait, qui s'impose à chaque sujet individuel, et qui ne lui permet pas de douter de leur objectivité [1]. » Et il ne faut pas craindre, comme Guyau, qu'elle soit un jour dissoute par le raisonnement égoïste. Car, ou bien elle sera encore nécessaire, et alors les causes qui l'ont produite la maintiendront, — ou bien elle ne sera plus nécessaire, et alors aucun système philosophique ne pourra empêcher sa disparition.

Guyau a cru que la dignité de la morale exigeait qu'elle ne fût pas seulement un fait, mais aussi un idéal. Et cet idéal doit justifier sa possibilité à l'égard de la nature, sa légitimité à l'égard de la raison. Le problème moral étant tel pour Guyau, sa vraie pensée se trouve dans sa morale individualiste et anomique ; la morale soi-disant scientifique n'est qu'un essai un peu superficiel pour établir que la nature n'est pas incompatible avec la moralité. La solution d'un problème métaphy-

---

1. *La Morale et la Science des mœurs*, p. 102.

sique ne peut être donnée que par la métaphysique.

Cependant Guyau a cru possible de résoudre par la science positive la question qu'il se posait. Nous avons déjà établi combien peu étaient « positifs » les concepts qu'il empruntait aux sciences de la nature pour les transposer dans la morale. Lui-même montre d'une façon bien plus frappante l'indécision de sa pensée : il veut, dit-il, fonder la morale sur des faits. Mais il y a lieu de distinguer entre ce qui *constitue* une science, et ce qui la *fonde*. Aux yeux du rationalisme, la science expérimentale doit se fonder sur des principes purement rationnels. Ces principes rendent « intelligibles », justifient *à priori* les lois que l'expérience établit entre les faits. Mais le fait est un donné illogique par lui-même, qui se constate, et appelle un fondement logique, sans pouvoir le constituer.

Pour l'empirisme, comme nous venons de le voir, le fait est un donné qui se suffit à lui-même, et n'a besoin d'aucun fondement, mais qui ne fonde rien, n'explique rien que lui-même. Ou bien une science de faits, qui n'a pas besoin d'être fondée ; — ou une science fondée en raison, mais qui ne peut l'être sur des faits. Ce dilemme montre combien Guyau, en dépit de ses aspirations vers la science positive, restait à son insu esclave de la métaphysique.

Sous une autre forme, la même incertitude se retrouve dans les tendances pratiques de la morale de Guyau. Tantôt il considère la morale comme une manifestation de la vie, comme un fait naturel ; et en ce sens, il se retournerait volontiers vers le passé, qui lui donne l'exemple d'une moralité instinctive, toute spontanée, un âge d'innocence. C'est ainsi qu'il appréhende la dissolution par la critique des règles morales sur lesquelles ont jusqu'ici vécu les sociétés. Même on pourrait juger préférables les époques de foi, où la pensée théorique se subordonnait à la pensée pratique, où la religion protégeait l'instinct moral contre la critique destructive de la réflexion, de la raison individuelle. — D'un autre côté, Guyau regardait le devoir comme un idéal et faisait consister la valeur morale des préceptes dans la libre adhésion que leur donne la raison et la conscience de l'individu. Par là, il devait être amené à situer dans l'avenir le règne de la morale anomique. La fusion des sensibilités, l'accord des volontés feraient naître un état pleinement moral, celui où chacun est seul juge de son devoir, et où cependant le devoir n'existe plus, supprimé avec la loi par la libre spontanéité de l'amour.

Mais il est trop évident qu'à ces deux stades si différents ne peuvent s'appliquer les mêmes mesures, ni le même mot de « moralité ». Dans le premier état, la moralité est une spontanéité de la nature, un instinct ; dans le second, une spontanéité de la raison. Comment se fait le passage de l'un à l'autre? Comment la raison est-elle capable de restaurer, en l'élargissant, cet instinctif altruisme qu'elle a détruit ? — Il nous a semblé que Guyau ne répondait pas suffisamment à ces questions, et que sa tentative pour trouver à la morale un principe supérieur à la réflexion n'a en somme pas abouti.

Il restera pourtant quelque chose de son œuvre. Nous ne voulons pas dire seulement qu'elle subsistera par sa valeur artistique. Certes, cette langue éloquente et imagée, la force de la dialectique, la finesse et la profondeur des analyses psychologiques, la noblesse de l'inspiration : tout concourt à faire de l'*Esquisse* mieux qu'une froide dissertation. On y sent vivre un homme. C'est par là surtout, plus encore que par la hardiesse des vues, que Guyau a exercé une influence et conserve une séduction. Nous avons essayé de nous en défendre. Mais il serait injuste de ne pas reconnaître l'importance très grande d'une partie de son œuvre : la partie critique.

En bien des points, la critique de Guyau nous paraît décisive ; et là même où il n'a pas apporté d'arguments nouveaux, il a su condenser les objections antérieures avec une puissance qui en augmente la portée. Personne en France et de son temps n'a plus contribué à détruire les idoles mystiques, qui au nom d'une loi soi-disant éternelle interdisaient le progrès de la conscience humaine. Aussi n'est-il pas mauvais qu'il soit resté plus métaphysicien qu'il ne l'a cru. Une morale positive ne peut être constituée par un seul homme, et il venait presque le premier. Dès lors, il était préférable qu'une critique comme la sienne détruisît la métaphysique avec ses propres armes. Peut-être n'est-il pas un « précurseur », car la science semble fort éloignée de la voie qu'il croyait lui ouvrir ; mais il semble difficile après lui qu'une métaphysique de la morale puisse encore se faire lire.

Vu et admis à soutenance,

Le 6 Mars 1906.

Le Doyen de la Faculté des Lettres de l'Université de Paris,

A. CROISET.

Vu et permis d'imprimer,

Le Vice-Recteur de l'Académie de Paris,

L. LIARD.

BIBLIOGRAPHIE

I. — Ouvrages de Guyau

(Se rapportant à sa doctrine morale.)

La Morale d'Epicure et ses rapports avec les doctrines contemporaines (1878), 4e éd. (1896), Félix Alcan, Paris.
La Morale anglaise contemporaine (1879), 3e éd., revue et augmentée (1895), Alcan.
Esquisse d'une morale sans obligation ni sanction (1885). Les éditions postérieures présentent les parties dans un ordre très différent, sans qu'il y ait de graves changements. Nous citons d'après la 5e éd. (1900), Alcan.
L'irréligion de l'avenir (1886), 6e éd. (1896), Alcan.
Education et hérédité, œuvre posthume (1889), 5e éd. (1898), Alcan.

II. — Ouvrages et Etudes sur Guyau.

Fouillée, *La Morale, l'Art et la Religion, d'après Guyau*, 4e éd. augmentée d'un appendice (1901), Alcan.
Fouillée, *Nietzsche et l'immoralisme* (1903), Alcan.
Fournière, article dans *Questions de morale* (1899), Alcan.
Höffding, article dans *Moderne Philosophen*, trad. allemande (chez O. Re'sland, Leipzig, 1905).

Des articles par MM. :

Espinas, *Revue philosophique*, t. II, 1882.
Farde, ibid., t. II, 1889.
Boirac, ibid., 1890.

Marion, *Revue bleue*, 23 mai 1891.
Dauriac, *Année philosophique*, 1891.
Lévy-Bruhl, *Revue philosophique*, t. I, 1892.
Christophe, *Revue de métaphysique*, 1901.

On trouvera dans le livre cité de M. Fouillée la biographie de Guyau (ch. 1) et l'indication des études consacrées à Guyau à l'étranger avec de larges citations (Appendice).

Nous n'indiquons ici que les travaux qui ont eu pour objet la philosophie de Guyau. On trouve cités dans les notes les travaux récents auxquels nous nous sommes rapporté dans notre critique.

TABLE DES MATIÈRES

Introduction. 5

PREMIÈRE PARTIE
Exposé de la morale selon Guyau.

Ch. I. — La crise morale, occasion de la doctrine.	11
Ch. II. — Objet de la doctrine.	17
Ch. III. — Genèse de la doctrine.	22
Ch. IV. — Méthode de la doctrine.	28
Ch. V. — Principe de la doctrine.	31
Ch. VI. — Idée d'obligation.	39
Ch. VII. — Sacrifice de la vie.	47
Ch. VIII. — Idée de sanction.	51

DEUXIÈME PARTIE
Critique.

Ch. I. — Examen de la méthode.	63
Ch. II. — Du Principe de la vie.	72
Ch. III. — La Fécondité de la vie.	82
Ch. IV. — L'Individu et la société.	91
Ch. V. — La Morale sans obligation.	108
Ch. VI. — La Morale sans sanction.	118
Conclusion.	127
Bibliographie.	135

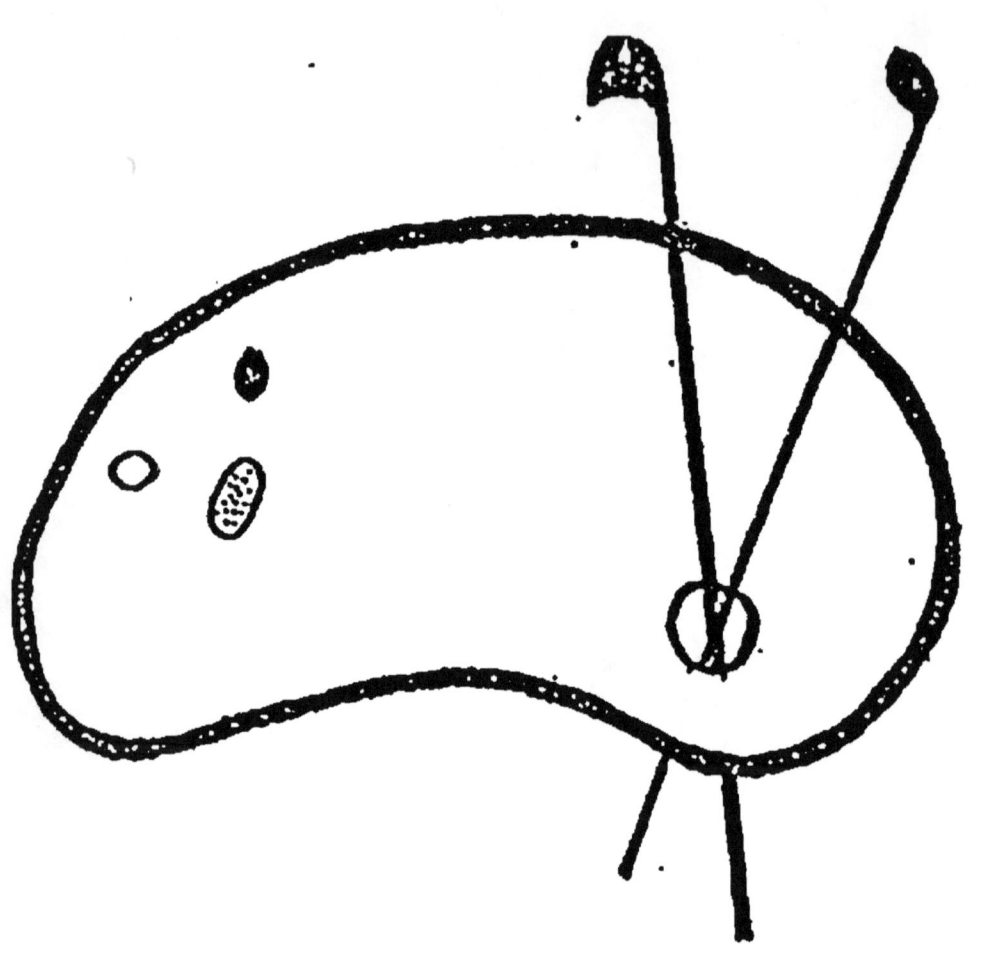

ORIGINAL EN COULEUR
NF Z 43-120-8

www.ingramcontent.com/pod-product-compliance
Lightning Source LLC
Chambersburg PA
CBHW060137100426
42744CB00007B/817